CB061715

DO TRONCO AO OPA EXIM:
Memória e dinâmica da tradição afro-brasileira

Marco Aurélio Luz

PALLAS

Rio de Janeiro
Impresso no Brasil

Copyright© 2002, by:
Marco Aurélio Luz

Editor:
Cristina Fernandes Warth

Coordenação Editorial:
Heloisa Brown

Revisão Tipográfica:
Sandra Pássaro
Wendell S. Setúbal

Capa e Tratamento das Fotos de Miolo:
Marcello Gemmal

Editoração Eletrônica:
Geraldo Garcez Condé

Fotolitos de Capa:
Minion Tipografia

Todos os direitos reservados à Pallas Editora e Distribuidora Ltda. É vedada a reprodução por qualquer meio mecânico, eletrônico, xerográfico, etc. sem a permissão prévia por escrito da editora, de parte ou da totalidade do conteúdo e das imagens contidas neste impresso.

CIP-BRASIL. CATALOGAÇÃO-NA-FONTE.
SINDICATO NACIONAL DOS EDITORES DE LIVROS, RJ.

L994d
    Luz, Marco Aurélio, 1944-
        Do Tronco ao Opa Exim: memória e dinâmica da tradição afro-brasileira / Marco Aurélio Luz – Rio de Janeiro : Pallas, 2002.

    248p. ; 23 cm
    Inclui bibliografia e apêndices.
    ISBN 85-347-0166-0

    1. Negros – Brasil. 2. Brasil – Civilização. I. Título.

01-1249
                        CDD 305.8960981
                        CDU 316.356.4(81)

Pallas Editora e Distribuidora Ltda.
Rua Frederico de Albuquerque, 56 – Higienópolis
21050-840 – Rio de Janeiro – RJ
Tel.: (0xx21) 2270-0186
E-mail: pallas@alternex.com.br
Home Page: www.pallaseditora.com.br

SUMÁRIO

PREFÁCIO — *Deoscóredes M. dos SANTOS* / 7
APRESENTAÇÃO / 9
  ASPECTOS HISTÓRICOS DA INSURGÊNCIA NEGRA NA AFRO-AMÉRICA / 11
    A Importância da Religião Negra no Processo de Descolonização / 13
    O Civilizado e as Índias / 18
    "Pau, Pão e Pano" / 22
    Palmares e a Consciência Negra / 26
    Okê, Caboclo! / 29
    Reco-Reco Chico Disse / 34
    O Processo de Independência do Haiti / 38
    Cuba: Além de Fidel, Guevara, Raul e Cienfuegos / 43
  AFIRMAÇÃO DOS VALORES RELIGIOSOS NO BRASIL / 47
    Tempo de Reis / 49
    Festa da Conceição / 53
    Ojo Odun Baba Olukotun Ati Ojo Odun Olokun Ati Ojo Odun Baba Agboula / 57
    Orixá Exu / 63
    Odun Xangô, o Festival do Fogo / 67
    "Iba Orixá, Iba, Iba Iya-Mi, Iba l'onioo" / 72
    "Águas de Oxalá" / 75
    "Tradição dos Orixás e Cultura" / 78
    Umbanda, uma Religião Negro-brasileira / 82

ODARA - EFICÁCIA E BELEZA / 97
    O Negro e o Carnaval / 99
    O Macaco é Outro / 105
    Pae Burokô / 110
    Carnaval Elétrico / 113
    Cadência, Síncopa e Rabo-de-Arraia: O Futebol Negro-brasileiro / 117
    Mané Garrincha: Teje Preso, Teje Solto / 123
    Dico, o Rei Pelé / 128
    Júlio Cesar e Josimar: os Melhores do Brasil na Copa de 1986 / 132
    O Cantadô Maió que a Paraíba Criou-lo / 136
    Tio Ajayi / 140
    Arte Sacra Negra / 145

IDENTIDADE NEGRA E CIDADANIA / 149
    O Bom Jesus e a "Conquista Burguesa" / 151
    Desigualdade e Política do Embranquecimento / 155
    Identidade e Pluralismo Cultural / 159
    A Universidade e a Cultura Negro-brasileira / 162
    Cheikh Anta Diop e o Egito Negro / 168
    De Anel no Dedo e aos Pés de Xangô / 172
    Educação e Cultura / 176
    Do Tronco ao Opa Exim ati Eye Meji / 179

GLOSSÁRIO / 183
INDICAÇÕES BIBLIOGRÁFICAS / 195
APÊNDICE / 199
  As Semanas Afro-brasileiras / 201
  Entrevistas
    Agenor Miranda / 203
    Nunes Pereira / 207
    Gilberto Gil / 215
    Mãe Senhora Axipá Ialorixá Oxum Muiwa Ati Ianassô / 227
    Romário: herói olímpico ou mais um dia de glória do Peixe Encantado(r)? / 243

PREFÁCIO

No ano de 1972, em uma pequena sala do Centro de Estudos Afro-Asiáticos da Universidade Cândido Mendes, no Rio de Janeiro, fui apresentado pelo prof. José Maria Nunes Pereira a Marco Aurélio, na época, professor da Universidade Federal do Rio de Janeiro e da Universidade Federal Fluminense.

Um jovem barbudo, branco, carioca, bastante interessado na cultura e religião tradicional africana, já tendo publicado o livro *O segredo da macumba*. Ficamos muito aproximados. No decorrer dos tempos, das suas andanças e dos comprometimentos em Salvador, resolveu firmar residência por estas bandas.

Filho do orixá Xangô, foi por mim levado para o terreiro Axé Opô Afonjá onde galgou o título de *Osi-Oju-Obá*, confirmando-se um dos membros da corte de Xangô. Foi um dos fundadores, diretor e ativo participante do Conselho da Sociedade de Estudos da Cultura Negra no Brasil, SECNEB.

Ganhou título de *Otun Eleboguí* no terreiro de Egun Ilê Agboulá, na Ilha de Itaparica, sempre interessado e preocupado com a preservação da cultura e da religião afro-brasileiras trazidas pelos nossos ancestrais da África Ocidental, principalmente da Nigéria e do Daomé, atual República do Benin.

Por fim, conseguiu fixar residência aqui em Salvador onde passou a morar, tendo mui devotadamente participado do projeto-piloto da SECNEB, de educação pluricultural, Minicomunidade Obá-Biyí.

Desde o dia 2 de dezembro de 1980, data da fundação da Sociedade Religiosa e Cultural Ilê Aṣipá, Marco Aurélio, na qualidade de sócio-fundador e primeiro secretário da sociedade civil da referida instituição, vem colaborando, ajudando-me com zelo na organização e na construção da nossa sede, na rua da Gratidão em Piatã.

Depois de muito batalhar, conseguiu sua transferência da Universidade Federal do Rio de Janeiro para a Universidade Federal da Bahia, onde se encontra como professor na área de Educação, certamente abrindo novas percepções.

Bem relacionado entre grupos e instituições diversas de Salvador, tem escrito vários livros e artigos, colaborando para melhor compreender a situação do negro, para assegurarmos nossa identidade, sermos respeitados nos contextos multirraciais e pluriculturais, procurando ser persistentes, mais cuidadosos conosco, com a nossa própria história, agindo sem estardalhaços e sem ser preciso mudar o nosso aspecto, copiando modelos dos outros, ou de outras culturas.

Neste livro que Marco Aurélio me deu a honra de prefaciar, está armazenado um conjunto de artigos que em sua maioria foram escritos especialmente para o jornal *Tribuna da Bahia* nos tempos de residência em Salvador, em que procura destacar uma perspectiva sociocultural do Brasil adequada à nossa realidade negro-brasileira, honrando assim a memória dos nossos ancestrais que lutaram tenazmente em busca de uma afirmação existencial, de libertação, de bom viver neste mundo, com muita confiança em si próprio e com o devido respeito para com os nossos semelhantes.

Deoscóredes M. dos Santos
Mestre Didi Axipá Alapini
Abril / 87

APRESENTAÇÃO

Nesta edição de *Do tronco ao Opa Exim: memória e dinâmica da tradição africana-brasileira*, fizemos uma ampliação do glossário, dando mais informações sobre o repertório da temática desenvolvida, acrescentamos um texto de apresentação nas orelhas, do amigo e irmão Muniz Sodré, além de incluirmos entrevistas com o professor Agenor Miranda, respeitado sacerdote, Oluô da religião nagô; com o escritor, membro da Casa das Minas, o saudoso Nunes Pereira; com Gilberto Gil e, ainda, um texto em homenagem à Mãe Senhora.

Essas entrevistas aconteceram a propósito da realização das Semanas Afro-brasileiras de 1974 no MAM/Rio de Janeiro, organizadas pelo casal Juana Elbein dos Santos e Deoscóredes M. dos Santos, Mestre Didi, Alapini, e que tive a honra de participar, ajudando num trabalho que seria início de uma jornada que marca profundamente minha própria trajetória de vida até os dias atuais.

Do tronco ao Opa Exim, através de um estilo literário, destaca a trajetória da presença do *continuum* civilizatório africano no Brasil e em algumas partes das Américas e do Caribe, demonstrando aspectos históricos, espirituais, culturais e políticos inter-relacionados e que caracterizam a pujança dos valores cosmogônicos, éticos e de profunda sabedoria que estruturam importante dimensão da nossa identidade brasileira.

O livro aborda o contexto adverso em que o africano no Brasil, apesar do colonialismo, e do escravismo, transpôs para as Américas e o Caribe, tradições que caracterizam sua sociabilidade e profunda identidade. Aqui são enfocadas variáveis estratégias comunitárias que desde a guerra contra os portugueses no Ndongo

(Angola) da rainha Nzinga no século XVII, aos dias atuais, caracterizam a luta do africano e de seus descendentes para preservarem e expandirem seus princípios de existência própria.

A afirmação dos valores religiosos determina as estratégias comunitárias em que se dá a continuidade da tradição; desde as relações com a catequese católica, até a territorialização dos terreiros de Egungun, culto aos ancestrais masculinos dos reinos Nagô.

Procura dirimir dúvidas sobre alguns conceitos recalcados pela bibliografia acadêmica neocolonial e sua divulgação, no intuito de distorcer e deformar a cultura afro-brasileira e sua pujança constituída por valores milenares da humanidade.

Do centro irradiador de valores, que são as comunidades-terreiro, se desdobram dimensões estéticas que percorrem a sociedade nacional, e alguns desses aspectos são abordados na elaboração da percepção do *continuum* civilizatório no Brasil e a luta de conquista de espaço para a sua afirmação.

Finalmente o livro aborda aspectos de uma estratégia política visando à legitimação da tradição, abrindo espaços na sociedade oficial, para que seja reconhecida a riqueza civilizatória de nosso legado africano, para não só honrarmos a memória de nossos ancestrais, mas também garantirmos uma situação favorável ao bem-estar neste mundo das novas gerações.

Marco Aurélio Luz
Oju Obá Ati Elebogi
Janeiro – 2002

ASPECTOS HISTÓRICOS DA INSURGÊNCIA NEGRA NA AFRO-AMÉRICA

A IMPORTÂNCIA DA RELIGIÃO NEGRA NO PROCESSO DE DESCOLONIZAÇÃO

A 12 de outubro de 1657, a rainha Nzinga, soberana do Ndongo (Angola), fixou os termos do tratado de paz com os portugueses, encerrando um período de lutas militares que se iniciaram por volta de 1575, quando o aventureiro Paulo Dias, incentivado pelo rei de Portugal, D. Sebastião, desembarcou em Luanda com o firme propósito de fundar um império cristão na África.

Os povos mbundo-jaga, que constituíam o Ndongo, iniciaram a ofensiva de resistência ao tempo do rei Mbandi Ngola Kiluanji e, decorrido mais de oitenta anos, chegavam a um tempo de paz com a sua independência mantida frente às vãs tentativas portuguesas de tornarem-nos seus vassalos. No tempo do tratado de paz, a rainha Nzinga, que era filha do Ngola Kiluanji estava com idade avançada. Ela aproveitava o terreno ganho no teatro da guerra, por meio de uma aliança com o rei do Congo e com os holandeses, a fim de obter as condições mais favoráveis para manter o Ndongo em paz, em proveito da reconstrução do reino, do seu repovoamento, e da ampliação de alianças com os demais povos africanos frente ao inimigo europeu.

Ela lutou de inúmeras formas contra um inimigo feroz, cruel e sanguinário, como nunca talvez os africanos tivessem encontrado pela frente.

Fracassado o esforço de tornar o império do Congo vassalo de Portugal por intermédio da catequização, a Coroa portuguesa com o apoio da Igreja voltou-se para a guerra de repressão e conquista. Sua motivação era a acumulação de riqueza e poder, sua jutificativa hipócrita, "converter os pagãos".

O apoio da Igreja para as ações da Coroa naquela época era fundamental, basta lembrar que os direitos de Portugal e Espanha sobre as Américas foram estabelecidos por bulas papais.

Em 1563, um missionário jesuíta pioneiro no Ndongo pleiteara pela pregação com a espada e o açoite de ferro; em 1568, o padre Maurício de Serpe anunciara ao superior da Companhia de Jesus que "a um povo bárbaro, o cristianismo não podia ser imposto sem repressão".[1]

Com esse apoio, na verdade, os bárbaros portugueses iniciaram sua campanha de guerra. Aos primeiros fracassos de suas táticas de guerra regular, passaram às ações terroristas que caracterizaram sua permanência na África e no Brasil.

Atacavam pequenas populações indefesas, de surpresa, aplicando castigos exemplares, queimando casas, decepando cabeças, narizes, orelhas. Seqüestravam prisioneiros, embarcando-os como escravos para o Brasil. Submetiam os sobas isolados, exigindo altos impostos em mercadorias e especialmente em seres humanos para explorarem ao máximo sua força de trabalho por meio da ameaça de terríveis torturas.

Para enfrentar a ferocidade desse povo bárbaro e cruel, a rainha Nzinga afirmou-se na tradição civilizatória mbundo-jaga. Considerada verdadeira rainha africana, capaz de controlar a chuva que propicia a fertilidade, adoradora de Nzambi Mpungo, Ser Supremo das forças cósmicas que regem o universo, assim como dos espíritos ancestrais que protegem a nação, ela deu continuidade à guerra de resistência iniciada por seu pai e seu irmão, viajando continuamente pelo Ndongo e demais reinos vizinhos como os de Kassanje, Soyo, Ndembo etc., enviando embaixadas ao Mani-Congo e mesmo aos brancos, tentando obter acordos que a favorecessem em seus obstinados objetivos de manter a integridade de seu povo.

No plano militar, ela se destacou pela invisibilidade. Imprimia uma tática de guerra de movimento, que deixava atônitos os soldados adversários, pois somente aparecia quando o momento lhe era favorável, posto que enfrentava um inimigo cujo único trun-

---

[1.] Cf. GLASGOW, Roy. *Nzinga*. São Paulo: Perspectiva, 1982.

fo cultural-tecnológico era o de possuir maior poder de armas destrutivas. Era superior na arte de matar, aniquilar e destruir.

Foi aprofundando as contradições secundárias entre a Igreja e a Coroa, trocando cartas diretamente com o papa Alexandre, por meio da intermediação de alguns padres capuchinhos, que ela alcançou a paz no Ndongo.

Ela mesma estabeleceu acordos com a Igreja, abrindo o Ndongo aos missionários e erguendo uma Igreja na nova capital do reino.

A partir daí iniciou-se um outro tipo de luta, aquele que Babá Tunde Lawal se referindo aos iorubás, discorre sobre o ditado: "leve a vida com calma... o que é manobrado com cuidado ou controle é mais facilmente alcançado do que o que é conseguido pela força".

Assim é que hoje passados mais de três séculos os valores da civilização africana chegaram até nós e se expandem, assegurando a identidade e a integridade do homem negro frente às agressões do colonialismo.

Nas Américas a estratégia da rainha Nzinga se desdobrou, tanto nos quilombos, especialmente no dos Palmares, quanto nas irmandades católicas de negros. Irmandades que proporcionaram um espaço social necessário à coesão do negro para formar correntes de libertação, e reestruturar seus valores. Associando suas Igrejas com as Congadas, Moçambiques, Ticumbis, Maracatus etc., o negro rememora continuamente os valores de ancestralidade e realeza africanas. Nas congadas são dramatizadas a dinâmica das embaixadas entre a rainha Nzinga, aqui chamada por Ginga, e o Mani-Congo, o rei do Congo.

Foi a partir do "escudo protetor" da irmandade de N. S. da Boa Morte da Barroquinha que as altas hierarquias sacerdotais africanas nagô se reorganizaram para fundar o terreiro Ase Airá Intile, que mais tarde tomou o nome do título de uma de suas fundadoras, Iyá Nassô.

O Ilê Iá Nassô, popularmente conhecido como Casa Branca, se constituiu na origem de uma das mais importantes tradições civilizatórias negras em nossa terra.

Abeokutá, durante a I Conferência Mundial da Tradição dos Orixás e Cultura em Ilê Ifé, Nigéria (1981). Homens e mulheres têm sempre papéis destacados na tradição negro-africana, na renovação de axé, por meio de oferendas rituais, para que esse mundo não acabe.
Foto de M. Kalisch

Convém destacar que o título Iá Nassô se refere à sacerdotisa de Xangô no palácio do rei de Oyó, o Alafin. Portanto, ela é zeladora do orixá patrono da realeza da capital política do império nagô. A Iá Nassô no Brasil implantava, desdobrava, expandia os valores do império negro na Bahia.

Esta relação de continuidade de valores do império nagô na Bahia foi reafirmada pelo Alafin Oyó, Obá Adeniram II quando este outorgou à Ialorixá Nilê Axé Opô Afonjá, Oxum Muiwa, conhecida por Mãe Senhora, o título de Iá Nassô, tendo em vista ser ela descendente da antiga titular. Mãe Senhora pertencia à família Asipá, uma das principais famílias de Oyó e Ketu, que possuía sua moradia em torno do *afim*, o palácio real de Oyó, onde estão concentradas as famílias fundadoras que sustentam o bom funcionamento do império.

Mas isto já é uma outra história, que começou com a chegada dos aventureiros portugueses, que só sobreviveram ao total fracasso de suas guerras coloniais graças à "proteção" dos ingleses, a quem pagaram tão caro, que hoje Portugal nada mais é, no panorama internacional, que uma nação conhecida pelo fado e pela saudade dos "bons tempos" e que bons tempos!!?

Finalmente, a estratégia desenvolvida pelo negro no Brasil garantiu a continuidade de seu processo civilizatório, baseado nos valores da religião, que se constituiu numa verdadeira teologia da libertação dos povos que se firmam em meio aos contextos adversos do imperialismo-colonialismo, que trazem em suas entranhas o genocídio.

Assegurando a identidade e sua integridade, esses valores são capazes de projetar para o futuro do homem negro a ampliação da luta pelo respeito às diferenças nos contextos multirraciais e pluriculturais, por um mundo melhor onde reine a paz e a harmonia entre os povos e se extingam as cruéis desigualdades. Para resumir tudo o que dissemos, basta o refrão de um samba de D. Ivone Lara, *"negro é a raiz da liberdade"*.

O CIVILIZADO E AS ÍNDIAS

Por 700 anos, enquanto durou a ocupação muçulmana na Europa feudal, os exércitos das cruzadas foram temperados em árduas batalhas que se desdobraram na "conquista do Oriente".

Para seus objetivos de converter os pagãos, ou como diziam alguns, "permitir o exercício de seus direitos à salvação", essa "conquista" pouco significou. Todavia, essa guerra abriu caminhos para rotas de "comércio" entre a Ásia e a Europa que se constituiriam em germes de profundas mudanças que alterariam a face da Terra.

De início, os antigos burgos feudais se transformaram em importantes cidades comerciais. Cada vez mais seus habitantes, os burgueses, se tornavam uma classe social fortalecida. Os burgos passaram a ser chamados de cidades, palavra derivada do latim "civita", seus habitantes de "cidadãos" ou "civilizados", distinguindo-se primeiramente do camponês ou servo da gleba, posteriormente dos povos de outros continentes – asiático, africano e americano.

As rotas comerciais se estendiam pela Europa, e por elas fluía o capital comercial e financeiro, enobrecendo burgueses, aburguesando nobres, desestruturando o poder e os valores eclesiástico-feudais.

O dinheiro, enquanto capital, riqueza incessantemente acumulada, passa a ser o valor equivalente de todos os valores na Europa.

A fonte dessa riqueza era o "comércio com as Índias", resultado das guerras de "conquista do Oriente". Na Itália, o ponto de convergência das rotas comerciais, expandem-se as Cidades-estado de Gênova, Florença, Veneza etc. Os valores ideológicos das antigas sociedades mercantis, imperialistas e escravistas da Grécia e de Roma são retomados como um cimento capaz de promover a construção de uma nova ordem social.

Um movimento ideológico, científico e cultural, promovido por mecenas burgueses, relegaria a segundo plano as noções de Deus e do destino. A idéia do homem como ser ocupante do centro do universo, o indivíduo que se faz a si próprio, aventureiro, guerreiro, capaz de "mudar o mundo" construindo seu próprio poder e sua glória, caracteriza o humanismo.

As esculturas de Michelangelo, as pinturas de Rafael e Leonardo Da Vinci valorizam a presença do homem como centro do universo. A revolução copernicana na astronomia é assumida por Galileu, ampliando e explodindo os espaços da percepção limitada do universo aristotélico-tomista, colocando a teologia cristã a reboque da ciência.

Novas tecnologias militares e náuticas se expandem, resultando da observação dos corpos celestes, da ótica, das teorias do deslocamento dos corpos, sobretudo da balística.

O novo homem do humanismo é Ulisses redivivo em Marco Polo, que, após alcançar a China, retorna do Oriente com boas novas para os príncipes italianos, desde o macarrão à seda e, sobretudo, à pólvora.

É o Renascimento que movimenta as cidades italianas, com o nascimento de um novo ideal de homem que é também representado por César Bórgia, o personagem herói de Maquiavel. O indivíduo inescrupuloso, amoral, egoísta, farsante, intrigante, vil e cruel, que graças a essas "virtudes" é capaz de acumular dinheiro, poder e glória. É ele o tipo de homem ideal para ser conselheiro do príncipe no mundo "civilizado".

Quando os muçulmanos fecharam o caminho para os italianos alcançarem as "Índias", foi a vez dos ibéricos entrarem em cena. Os reinos de Portugal e Espanha se civilizaram, transformando-se em verdadeiras casas de negócios. A Igreja arbitrava eventuais disputas entre os interesses comerciais concorrentes. Em agradecimento às bulas papais que entregavam aos portugueses o direito a tantas e tamanhas terras na África e Ásia, o rei D. Manoel recomendava aos seus soldados aventureiros que partiam para as "conquistas": "Deus antes e acima de tudo, mas tenhais em mente também o ouro".

Ouro... Lastro do capital financeiro que movimentava o mundo "civilizado", o mundo da Companhia das Índias Orientais e das Companhia das Índias Ocidentais.

Em 1492, o genovês Cristóvão Colombo, sob bandeira espanhola, alcançava as "Índias Ocidentais", especificamente numa ilha que logo chamaram de Espanhola – hoje República Dominicana e Haiti.

Frei Bartolomé de Las Casas, natural de Sevilha, chegou à ilha Espanhola em 1502, com o intuito de catequizar, converter e salvar os pagãos. Ele revelou que

> *"Deus parece ter colocado neste país... a maior quantidade de todo o gênero humano... Deus criou todas essas gentes infinitas, de todas as espécies, mui simples, sem finura, sem astúcia, sem malícia, mui obedientes e mui fiéis a seus senhores naturais... mui humildes, mui pacientes, mui pacíficos e amantes da paz, sem contendas, sem perturbações, sem querelas, sem questões, sem ira, sem ódio e de forma alguma desejosa de vingança.*
>
> *... São também umas gentes mui ternas, sua compleição é pequena, ... e morrem logo de qualquer de nossas doenças".*[1]

Durante quarenta anos, Las Casas acompanhou a movimentação dos civilizados na América. Ele testemunhou que

> *tão logo entraram em contato com aqueles povos, os espanhóis invadiram "burgos", vilas e aldeias, não poupando nem mulheres grávidas e parturientes e lhes abriam o ventre e faziam em pedaços... De quarenta anos para cá, fazem senão despedaçar, matar,*

---

1. Cf. LAS CASAS, Frei Bartolomé. *O paraíso destruído: a sangrenta história da conquista da América Espanhola.* Porto Alegre: LP&M, 1984.

> *afligir, atormentar e destruir esse povo por estranhas crueldades... Por suas crueldades e execráveis ações, despovoaram e desolaram mais de dez reinos, maiores que toda a Espanha, nela compreendidos Portugal e Aragão: tal é uma região maior que vai de Sevilha a Jerusalém... Podemos dar boa-conta que em quarenta anos, pela tirania e diabólicas ações dos espanhóis, morreram injustamente mais de doze milhões de pessoas, homens, mulheres e crianças... A causa pela qual os espanhóis destruíram tal infinitude de almas foi unicamente por não terem outra finalidade última senão o ouro para enriquecer em pouco tempo, subindo de um salto à posição que absolutamente não convinham a suas pessoas"...*[2]

Do testemunho de Las Casas e de tantos outros padres que protestavam pelo fato de os espanhóis não lhes darem tempo nem ocasião para a conversão cristã, pode-se concluir, na verdade, que os "civilizados" não "descobriram" nem "conquistaram" as chamadas "Índias ocidentais": o que houve foi destruição, massacre, genocídio.

Quanto ao ouro roubado aos Aztecas, Maias, Incas e outros, ele rapidamente escapou das mãos dos espanhóis. Convertido em lastro do capital financeiro, ele fluiu para os credores franceses, holandeses, ingleses etc. De tal modo isso aconteceu que o rei Felipe da França assegurou a seus súditos que "não precisariam de colônias, enquanto as tivessem os ibéricos..."

---

2. Idem.

"PAU, PÃO E PANO"

O Brasil é uma nação constituída basicamente por três processos civilizatórios característicos de três continentes: América, África e Europa. De cada um deles recebeu a herança de um sistema de valores culturais, econômicos, políticos e sociais que caracterizaram, na atualidade, a nossa pluralidade nacional.

No que se refere ao significado e valor atribuído ao trabalho, conforme o contexto de valores específicos, teremos portanto três modos de percepção. Deixaremos para uma próxima ocasião a abordagem do valor e significado do trabalho característicos da nossa herança ameríndia e negro-africana, e nos fixaremos aqui no âmbito da herança européia.

Durante quase três séculos em que o Brasil foi uma colônia de Portugal, a divisão social do trabalho era marcada pela escravidão, até mesmo depois de proclamada a independência. No contexto colonial-mercantil-escravista, a escravidão caracterizava o valor e o significado do trabalho. Nesse contexto, o valor do trabalho estava reduzido ao preço do escravo, que oscilava de acordo com as leis da "oferta e procura", que regiam o tráfico escravista.

O tráfico escravista era o fator multiplicador do capital, isto é, o processo de incessante acumulação de riquezas que iria constituir a "glória" e o poder de Portugal, Espanha, Holanda, França, Inglaterra etc.

Os colonialistas logo compreenderam que, para sua política de acumulação de capital, de nada valia a terra, "que em se plantando tudo dá", se não tivessem as condições de explorar a energia humana capaz de produzir mercadorias. Eles estabeleceram então a escravidão como forma capaz de proporcionar acumulação de capital. O comércio de escravos tornou-se a base de toda a atividade socioeconômica.

Portanto, o próprio trabalhador foi instituído juridicamente como mercadoria. A legislação portuguesa, caracterizada pelas Ordenações Filipinas, classificava o escravo na categoria dos bens semoventes, equiparado aos bois, cavalos etc.

A imigração compulsória de africanos para o "novo mundo" tornou-se o âmago do comércio triangular, compreendendo Europa, África, América.

Todo o fluxo de acumulação de capital financeiro que movimentava a economia, tanto o comércio como a produção, estava direta ou indiretamente interligado ao tráfico escravista. Todo financiamento, todo empréstimo, todas as taxas e todos os juros dependiam do empreendimento escravista, que se constituía de guerras, de captura de africanos, do transporte e do comércio dos prisioneiros. Esse empreendimento gerava inúmeras atividades econômicas nas metrópoles e nas colônias. Assim o capital financeiro se desdobrava em aplicações que iam do fabrico de armas aos instrumentos de tortura, da tecelagem de lã e do algodão aos instrumentos de trabalho e maquinarias dos engenhos, das construções bélicas à construção naval. Por sua vez, essas atividades se desdobravam em inúmeras outras, abrangendo as áreas de metalurgia, cordoaria, marcenaria, pesca do bacalhau etc. que iriam, no decorrer do processo, criar novas tecnologias que moldariam a transformação da Europa feudal.

Quanto mais frenéticas fossem essas atividades, maiores os lucros e maior a acumulação do capital.

A desenfreada competição econômica, política e militar entre as nações coloniais-escravistas iria acabar colocando Portugal nas mãos do capitalismo britânico. Conforme o tratado de Methuen, de 1703, além de Portugal conceder aos traficantes de escravos ingleses diversas facilidades na África, estava obrigado a adquirir, na Inglaterra, todas as manufaturas de que necessitava.

Em troca, os ingleses dariam preferência aos vinhos portugueses...

Controlando a cotação dos preços das mercadorias no mercado internacional, logo a balança comercial inglesa estaria favorecida em detrimento aos produtos coloniais portugueses. O ouro explorado no Brasil passava por Portugal como por uma peneira e ia constituir o lastro do capital dos bancos ingleses.

Portugal tinha de produzir mais e mais, para poder adquirir menos e menos. Na outra ponta desse processo estava a produção e o tráfico escravista.

O senhor de engenho exigia 16 horas diárias de trabalhos forçados, sob tortura, aos escravos. Submetidos a esse processo, em menos de sete anos estavam exauridos e inutilizados.

Para manter menos da metade dos africanos na produção, pois a maioria se libertava constituindo quilombos espalhados por todo o Brasil, o senhor investia em armamentos para as milícias, ordenanças, capitães-do-mato e feitores, e em instrumentos de tortura como o tronco, vira-mundo, cepo, libambo, gargalheira, anjinhos e bacalhau, cuja existência testemunha por si mesmo as condições em que era realizada a exploração do trabalho no Brasil.

Toda essa situação vinha a favor dos interesses dos traficantes, que chegavam a exigir contrapartidas de reposição de escravos em troca da compra do açúcar produzido.

A reposição de escravos era a mola de todo o sistema. Na ponta do lápis o senhor de engenho calculou que era mais lucrativo adquirir novos escravos que prolongar-lhes a existência poupando-os da exaustão mortal. Os produtos de alimentação básica eram raros e caros. A terra era somente para a plantação da cana, a miséria e a fome generalizadas.

Em 1771 Frei Antonil relatou que...

> *"no Brasil costumavam dizer que para o escravo são necessários três P, a saber: Pau, Pão e Pano. E posto que comecem mal, principalmente pelo castigo que é o pau, contudo provera Deus que tão abundante fosse o comer e o vestir como muitas vezes é o castigo, dado por qualquer cousa pouco provada ou levantada, e com instrumentos muitas vezes de muito rigor... de que se não se usa nem com os brutos ani-*

> *mais castigar com ímpeto, ânimo vingativo, por mão própria e com instrumentos terríveis e marcá-los na cara e chegar talvez aos pobres com fogo ou lacre ardente, não seria pra se sofrer entre bárbaros, muito menos entre cristãos católicos..."*[1]

O trabalho, portanto, se caracteriza na sociedade colonial como trabalho forçado sob tortura, que é conseqüência do genocídio intrínseco ao ritmo da acumulação do capital mercantil.

Hoje em dia, os governos dos chamados países do terceiro mundo de um modo geral sofrem a ação desse legado colonialista. Embricados nos sistemas de troca de mercadorias da economia internacional, vêem o preço de seus produtos projetados para baixo. Para compensar sua balança comercial desfavorável, apelam para sua "mão-de-obra barata".

Estão constantemente pedindo empréstimos para saldar suas "dívidas". Ao credor, apresentam garantias: "riqueza da terra" e "mão-de-obra barata". É sintomático que o Estado de nosso país ocupe o primeiro lugar em "dívida externa".

---

1. Cf. Gorender, Jacob. *O escravismo colonial*. São Paulo: Ática, 1978.

PALMARES E A CONSCIÊNCIA NEGRA

Dia 20 de novembro, comemora-se a data da consciência negra e se presta homenagem a Zumbi dos Palmares, um dos mais celebrizados chefes do reino africano implantado e desenvolvido no Brasil, nos séculos XVI e XVII.

A importância dessa comemoração não se prende a nenhuma simples necessidade de rememoração de um fato histórico congelado no passado, mas sim porque até hoje os valores de vida palmarinos se expandem no avançar da luta da nação brasileira para se livrar do entulho estrutural colonial-escravista que tolhe o realizar de sua genuína potencialidade.

Palmares exprime a consciência negra da nação brasileira.

O povo brasileiro continua lutando por sua afirmação existencial própria, que envolve sua visão de mundo constituinte de sua identidade, e se caracteriza pelos princípios da aceitação da pluralidade e seu reconhecimento de complementação, nos planos da vida individual, social e natural.

Esses valores de respeito à alteridade, de compreensão de que o universo se constitui de seres diferentes, a aceitação do outro, se caracterizaram de forma contundente em Palmares.

O reino de origem africana no Brasil abrigou imensa população para a época, de mais de 30 mil habitantes, espalhados por diversas comunidades que absorveram africanos de distintas origens, aborígines de diversas aldeias e brancos de variadas nações européias.

Pode-se dizer que, em Palmares, se forjou a identidade nacional do povo brasileiro.

Os valores religiosos do culto aos ancestres e ancestrais instituíam o significado da existência dos seres humanos, voltada para serem aceitos, amados e lembrados pelas famílias e pelas comunidades, em vida, e cultuados seus espíritos após a morte.

O valor do mérito em contribuir para a expansão da vida interligada a esses valores sagrados sedimenta uma hierarquia e um poder com base na antiguidade que caracteriza o quanto o indivíduo e seus ascendentes já fizeram, a que se dedicaram e o quanto seus descendentes farão. Esses valores mantêm uma aspiração contínua em crescer, desenvolver, alcançar a plenitude do destino e tornar-se ancestral e são constituintes do processo civilizatório negro-africano implantado no Brasil e nas Américas onde se expandem.

O desenvolvimento social alcançado pelo Reino dos Palmares está ligado a esses valores que visam a expansão da vida em todas as dimensões.

O bem-estar comunitário era proporcionado pelo fluxo de um processo civilizatório milenar, em que a humanidade acumulou conhecimentos necessários para manter o equilíbrio da vida e gerar satisfação.

A economia, assentada na produção dos núcleos familiares extensivos, que plantavam e produziam diversas culturas, criavam diversos animais e fabricavam diversos instrumentos e utensílios, não concebia a exploração do trabalho do homem pelo homem. Assentadas nas regras hierárquicas da tradição e das iniciações, organizavam-se para a produção e distribuição, o que não excluía relações de intercâmbio e cooperação com as demais famílias, grupos e comunidades, como demonstra a instituição do mutirão, bastante divulgada entre os brasileiros na atualidade.[1]

A civilização africana desconhecia o valor europeu da acumulação incessante de capital, que então se constituía na mola propulsora do escravismo, do mercantilismo e do colonialismo.

Em Palmares a acumulação de bens se restringia à manutenção e reprodução do reino, tendo em vista os imprevistos dos ciclos

---

1. Cf. Carneiro, Edison. *O Quilombo dos Palmares*. Rio de Janeiro: Civilização Brasileira, 1966.

naturais que pudessem gerar escassez agrícola e que sustentassem as forças de guerra contra as milícias e exércitos colonialistas e mercenários.

A afirmação palmarina contrariava a estrutura social colonial baseada na guerra terrorista de apreensão e tráfico de seres humanos, a exploração do trabalho forçado sob tortura (característica do regime europeu da escravidão), a destruição de florestas para estratégias bélicas de desocultar o inimigo, e para grandes plantações de monocultura, cujos produtos eram enviados para as metrópoles coloniais a baixo custo, onde as aspirações à acumulação incessante de capital serviam para se alcançar o poder e a glória.

A luta palmarina, que desdobrava as estratégias e as táticas quilombolas da rainha Nzinga no Ndongo, contraditava o colonialismo em seu ponto nodal, ou seja, o regime da escravidão.

Palmares difundiu-se pelo Brasil em um sem-número de quilombos que garantiram a afirmação sócio-existencial do homem negro e de seus valores civilizatórios. Muito antes assim da chamada abolição da escravatura, proclamada pela Lei Áurea, os negros já eram livres nos quilombos.

Conforme Edison Carneiro no livro *Ladinos e crioulos,* o recenseamento de 1872, que acusara 6,1 milhões de pretos e pardos sobre uma população total de 10,1 milhões (60,8%), já era muito significativo. Por exemplo na Bahia, para 830.431 pardos e pretos livres havia apenas 167.824 pardos e pretos escravos. A grande conquista da abolição beneficiou apenas 750 mil escravos em todo o país – menos de um décimo da população de cor. Dois anos depois da Lei Áurea, o negro e seus descendentes mulatos somavam 8 milhões. Os abolicionistas ganhavam, simplesmente, o reconhecimento legal de um estado de fato.

A consciência negra do Brasil transcende os limites de cor ou de "raça", e se caracteriza por princípios norteadores da luta dos povos constituintes da Nação por sua afirmação sócio-existencial e libertação da opressão colonial e neocolonial, interna e externa.

Zumbi simboliza essa consciência. Patrono da libertação do povo brasileiro, herói nacional, seu espírito convive entre nós.

OKÊ, CABOCLO!

Inúmeros estudos divulgados entre nós pelo livro *Pan africanismo na América do Sul*, de Elisa Larkin Nascimento, comprovam, por inumeráveis evidências, que muito antes da chegada de Colombo às Américas, as relações entre seus habitantes e os povos negro-africanos já eram uma realidade. A cultura e a religião negro-egípcia se pronunciam de forma insofismável na cultura e religião dos Aztecas, Maias e Incas.

Com a chegada e invasão dos europeus, essas relações assumiram conotações bastante distintas; negros e índios se uniram num novo contexto histórico para lutar pela libertação do flagelo do colonialismo.

Por meio de uma política de terra arrasada, da repressão armada e da tortura, o colonialismo procurava desculturar os aborígines para tomar-lhes as terras e eventualmente reduzi-los à escravidão. Do mesmo modo acontecia em relação aos africanos, com a distinção de que a esses estava reservado o lugar de escravo, capaz de movimentar os investimentos do tráfico escravista e a produção colonial que caracterizaram a fonte da acumulação do capital do sistema econômico europeu, colonial-mercantil-escravista.

Na verdade, cada engenho de açúcar no Brasil-Colônia consistia numa unidade produtiva mas também simultaneamente militar, de obrigação e responsabilidade do dono da capitania. Aliás, a maioria dos donatários das capitanias hereditárias era constituída de indivíduos de comprovada capacidade bélica, que recebiam vastas extensões de terra como pagamento ou mercê, por seus serviços prestados à Coroa portuguesa nas "guerras do Oriente" ou contra o "gentio".

Frei Leonardo Orós, cronista do século XVII, prevenia que "não se pode tratar de fábrica ali, se não com a foice nesta mão e a espada na outra".

O governador Tomé de Souza baixou, de início, um regimento que mandava

> *"submeter desde logo as tribos antes rebeldes e que haviam causado prejuízos aos antigos moradores, porque todas as outras estavam esperando para ver o castigo que se dá aos que primeiro fizeram os ditos danos, pelo que cumpre muito aos serviços de Deus e meu que os assim se levantarem e fizerem guerra serem castigados com muito rigor".*[1]

Diante dessas ordens, soldados-aventureiros se lançaram contra aldeias no intuito de receberem mercês. Ficou famoso um descendente de Garcia d'Ávila, que fora um serviçal de Tomé de Souza, que realizou o "feito" de ter mandado degolar de uma só vez 400 tapuias, aprisionando-lhes mulheres e crianças, e por esses "serviços" recebeu enorme quantidade de terras.

Os jesuítas que apoiavam a "guerra justa" de ocupação das terras indígenas eram, entretanto, contra sua escravização. E nisto estavam em acordo com os interesses dos traficantes escravistas que estabeleceram o tráfico triangular – Europa, África, América – com base no lucro mercantil.

Convém ressaltar que negros e índios só estavam escravos no âmbito das ordenações filipinas, isto é, do ponto de vista jurídico e ideológico do senhor. Do ponto de vista deles mesmos, índios e negros jamais se assumiram como escravos. O estado de insurgência contra a escravidão era permanente.

Em 1608, preocupado com a implantação e expansão do reino negro do Palmares no Brasil, o governador de Pernambuco, D. Diogo de Menezes, escreveu ao rei de Portugal afirmando

> *"não ser necessários a este estado tantos negros da Guiné, os quais são a maior parte da pobreza dos*

---

1. Cf. Sodré, Nelson Werneck. *História militar do Brasil.* Rio de Janeiro: Civilização Brasileira, 1968.

> *homens, porque tudo gastam na compra deles e quando cuidam têm cinqüenta negros que em engenho há mister, e acham-se com menos da metade porque fogem e metem-se pelos matos... Os negros acham-se alevantados e ninguém pode com eles e podem crescer de maneira que custe muito trabalho o desbaratá-los".*

E ainda:

> *"... os índios da terra logo se vão para o mato onde fazem... vivendas e ritos juntando-se com os negros da Guiné... motivo pelo qual não se pode atravessar o sertão comodamente de uma parte a outra, nem dilatarem-se as povoações pela terra adentro".*[2]

Os portugueses, no Brasil como na África, mantinham-se, por assim dizer, entrincheirados nas fortalezas do litoral, sob o abrigo dos canhões de terra e dos navios de guerra.

No século XVII, com as ofensivas palmarinas comandadas por Zumbi nas Alagoas e dos janduins comandadas pelo cacique Canindé no Rio Grande do Norte, os portugueses estiveram a ponto de serem lançados no Atlântico de volta a Portugal.

Todos os seus recursos foram lançados num último esforço de manterem a colônia. Recorreram a mercenários de toda espécie, aos índios de Felipe Camarão, aos negros de Henrique Dias, aos mamelucos do paulista Domingos Jorge Velho, aventureiros brancos de toda a laia, para abrirem caminho para o uso de seu único recurso bélico eficaz, isto é, colocar ao alcance dos tiros de canhão os chamados "inimigos a portas adentro".

Embora conseguissem não ser expulsos do Brasil, os portugueses perderam virtualmente a capitania de Pernambuco. A produção açucareira completamente desestruturada abriu espaços para que a França, por meio da colônia de S. Domingos, ocupasse a hegemonia do mercado internacional do açúcar, até perderem a ilha para os quilombos comandados pelo líder negro haitiano Dessalines.

---

2. Cf. Freitas, Décio. *Palmares, a guerra dos escravos*. Rio de Janeiro: Graal, 1982.

Os portugueses então desviaram seus interesses para Minas Gerais, deixando o Nordeste, daí por diante legado a segundo plano.

No século XIX começaram a aflorar as instituições religiosas afro-brasileiras. Com elas surgem aspectos característicos do culto aos ancestrais em terras brasileiras. São os ritos do caboclo por exemplo. Como observa Juana Elbein dos Santos,

> *"nos ritos caboclos, não se veneram as divindades dos panteões indígenas brasileiros, mas os espíritos individuais ou coletivos de diversas tribos, em particular daqueles em cujas terras foram estabelecidos os negros; é em realidade um culto aos antepassados, autóctones, à maneira africana bantu... Esta identificação de continuidade não poderia ser encontrada pelo descendente de africano no branco, estrangeiro e conquistador, senão no índio... ancestral natural dessas terras".*[3]

No decorrer do processo de expansão dos valores religiosos africanos no Brasil, os cultos de origem bantu se enriqueceriam com o panteão dos orixás nagô ou iorubá. Uma das adaptações características desse sincretismo entre religiões irmãs é que o orixá Oxóssi, força cósmica que caracteriza a abundância e a prodigalidade da mata, patrono dos caçadores, passa a ser também, nos cultos de origem bantu, patrono dos espíritos caboclos. Daí a saudação a essas entidades ser resultante de uma adaptação da saudação *Okê Oxóssi* para *Okê Caboclo*.

O próprio culto nagô por outro lado não se manteve completamente imune à dinâmica contextual que caracteriza a implantação e expansão das religiões africanas no Brasil. No culto aos ancestrais Egum, na ilha de Itaparica, abre-se espaço para a aparição do Baba Iaô, espírito caboclo, que é homenageado com cantigas do rito caboclo, cultuando-se dessa forma o espírito ancestral dono-fundador da terra brasileira.

Inúmeras instituições sociolúdicas negras, resultantes de desdobramentos das comunidades dos terreiros, mantiveram e divulgaram a homenagem aos caboclos.

---

3. Cf. SANTOS, Juana E. "A percepção ideológica dos fenômenos religiosos". Petrópolis: *in Revista de Cultura Vozes* (Sincretismo), 1977.

Por fim, gostaria de mencionar os chamados blocos de índios como exemplo desses desdobramentos. Um detalhe é que, diante da avalanche ideológica, cinematográfica sobre a "conquista do oeste" promovido por Hollywood, os negros baianos, identificados com a luta dos ídios norte-americanos, fundaram blocos homenageando os apaches e os comanches. Reproduzia-se numa forma simbólica e cultural no Brasil, as alianças ocorridas entre os negros dos quilombos da Flórida e os índios Seminole (1821-1835), que juntos lutaram bravamente contra a anexação de seus territórios aos EUA.

RECO-RECO CHICO DISSE

O cristianismo sempre foi, desde suas origens, uma religião de caráter universalista e impositiva. No contexto histórico que caracterizou a luta de diversos povos subjugados pelo imperialismo romano, ele provocou uma enorme adesão, promovendo a unidade necessária a subverter o poder de César. Ele sobrepôs-se às religiões de povos da Ásia, da África e da Europa, e tornou-se a religião de todos os escravizados por Roma.

Se no seu nascedouro, embora impositivo e catequético, o cristianismo possuía uma dimensão libertária unindo os diversos povos escravizados, no século XVI, contudo, ele se tornaria a religião oficial das tentativas de conquistar colônias pela Europa, especificamente Portugal e Espanha, abençoando o genocídio e a escravidão.

Somente a sagacidade de um padre Antônio Vieira poderia ousar convencer alguém a desejar ser escravo no Brasil do século XVII, para ganhar o "Reino dos Céus". Certa ocasião, num engenho do Recôncavo baiano, o canto do vigário foi neste tom:

> *"não há trabalho nem gênero de vida que seja mais parecido à cruz e à paixão do Cristo, que o vosso... Aproveitem-no para santificar vosso trabalho em conformidade e imitação de uma tão alta, tão divina semelhança. Em um engenho, vós sois os imitadores do Cristo crucificado porque vós sofreis de maneira muito parecida o que o próprio Senhor sofreu na cruz. Aqui também não faltam as canas, elas entraram duas vezes na Paixão. A Paixão do Cristo transcorreu em parte durante a noite sem que ele*

dormisse, em parte de dia sem que tivesse repouso e assim são vossas noites e vossos dias. O Cristo estava nu e vós também estais nus. O Cristo foi maltratado em tudo e vós sois também maltratados em tudo. Os ferros, as prisões, as chicotadas, as ofensas, os nomes ignominiosos, de tudo isto é feita vossa imitação, pelo que, acompanhada pela paciência, vós ganhareis os méritos de mártir...

Quando vós servides vossos mestres, não servides como aquele que serve aos homens mas como aquele que serve a Deus, porque assim vós não servireis como cativos mas como homens livres".

Os negros porém só se sentiram homens livres nas áreas habitadas dos quilombos, abolida toda escravidão. Naquele tempo o reino negro de Palmares abrigava cerca de 30 mil pessoas livres, que ameaçavam acabar com a escravidão e o colonialismo por todo o Brasil.

O padre Vieira aconselhava os reis de Portugal a realizar uma verdadeira cruzada contra o reino africano no Brasil. Ele sabia que a acumulação de riqueza colonial estava na escravidão. Dele é a afirmativa: "Sem negros não haverá Pernambuco e sem Angola não haverá negro nenhum."

Ele não estava só nos aconselhamentos à Coroa portuguesa de usar de todas as suas forças para combater nos dois lados do Atlântico. De um lado, o Reino de Ndongo (Angola) da enaltecida rainha Ginga e de outro o Palmares dos chefes Ganga-Zumba e Zumbi.

Aos primeiros reveses sofridos nas guerras na África e no Brasil, os portugueses recorreram à prática de ações terroristas com crueldades inauditas. O suplício e a tortura, intrínsecas ao sistema colonial-escravista, exacerbavam em muito aquele sofrido por Cristo, que por sua vez optava por morrer na cruz...

Os padres, submetidos ao regime do Padroado, isto é, sustentados e orientados em suas ações evangélicas diretamente pela Coroa portuguesa, forneciam argumentos para o processamento da "guerra justa", a ser travada contra os pagãos e punham em prática a política de "aquisição e redenção de escravos" preconizada pelos interesses escravistas.

O fracasso da política de catequese pacífica no Congo fora avaliado em meados do século XVI pelo padre Gaspar de Azevedo: "estive ensinando a doutrina cristã perto do Rio Bengo, sem nenhuma dificuldade e só dispendi meu tempo." Em 1568, o padre Maurício Serpe anunciava ao superior da Companhia de Jesus que "a um povo bárbaro, o cristianismo não podia ser imposto sem repressão", e um jesuíta pioneiro no Ndongo pleiteava pela "pregação pela espada e o açoite de ferro". O clérigo Balthazar Afonso, em 1585, exultava com as táticas terroristas dos exércitos portugueses tomando pequenas vilas de assalto... "Os portugueses queimaram vivos os pagãos em suas choupanas e várias cabeças eram expostas a fim de amedrontar os adversários"... Em outra ocasião... "619 narizes foram cortados pelos portugueses".

No Brasil, o padre Manoel da Nóbrega justificava o tráfico escravista, o trabalho forçado sob tortura e o genocídio:

> *"... porque lhes veio por maldição de seus avós. Porque estes, cremos ser descendentes de Cã, filho de Noé, que descobriu as vergonhas do pai. Por isso são negros e sofrem outras misérias. Porquanto são condenados por Deus a serem para sempre escravos dos brancos."*

Contudo, os portugueses, depois de derrotados no Ndongo e depois que Palmares se desdobrou em milhares de quilombos espalhados pelo Brasil, resolveram abrandar, até certo ponto, a escravidão, como em certos contextos das Minas Gerais. Também para que o negro encontrasse razão para procurar e entregar ao senhor a pedra preciosa do garimpo, ampliaram os critérios de concessão de cartas de alforria.

O negro liberto passa, em maior número, a conviver nos centros urbanos. Num contexto onde só se podia "ser católico", o negro não teve outra solução que africanizar o cristianismo, desta forma recriar os espaços sociais necessários à sua própria coesão grupal e à constituição de novas táticas de luta contra a escravidão, formando correntes de libertação de compras de cartas de alforria por meio das irmandades leigas de Santa Ifigênia, São Benedito, Nossa Senhora do Rosário etc.

As Irmandades "dos homens de cor" caracterizaram, a partir de então, o catolicismo praticado pelo povo brasileiro. Os santos se tornaram ancestrais familiares, que atendiam promessas para receber oferendas. Eles passam a ter assentos nos oratórios das casas, nos santuários, nas capelas e nas igrejas das Irmandades. Aí os devotos pagam as suas promessas atendidas.

O binômio devoção-promessa substitui o binômio devoção-sacramento erigido desde o Concílio de Trento. Os padres tornam-se desnecessários, a hierarquia eclesiástica, decorativa. O auge da devoção acontece no espaço exterior às Igrejas, nas congadas, nos maracatus, nas companhias de reis, nas festas do Divino, nas cavalhadas, nas procissões, nos moçambiques, nas taieiras etc.

Chico-Rei, envolto em legenda, escondendo ouro nos seus cabelos quando saía do exaustivo trabalho das minas, conseguiu a sua liberdade e pouco a pouco de toda a sua gente. Comprou a mina da Encardideira e erigiu a igreja da Irmandade de Stª Ifigênia, princesa da Núbia.

Quando o padre pregava em seu sacramentado latim o fragmento de oração: *Ressurrexit sicut dixit*, os negros ouviam "Reco-reco Chico disse".

O PROCESSO DE INDEPENDÊNCIA DO HAITI

Quando Makandal soltou-se das amarras em meio às chamas e saiu da fogueira para pronunciar as palavras sagradas, o fogo de sua execução iria iluminar e abrir caminho para a continuidade da luta de implantação e expansão do processo civilizatório negro, em São Domingos (Haiti).

Sacerdote do culto aos *voduns*, religião originária do atual Benin (Daomé), ele fora o líder inconteste da luta quilombola, até seu falecimento em 20 de janeiro de 1758.

As áreas libertadas dos quilombos já ocupavam dois terços do território, quando a luta transbordou suas próprias fronteiras e alcançou toda a nação, composta de quilombolas africanos, crioulos e mulatos que, unidos, implantaram a independência frente à França.

Outro sacerdote do culto aos voduns e que assumiu a herança de Makandal na luta de libertação do povo quilombola, foi Boukman, que cairia nos duros combates contra as tropas coloniais. Caberia então a Dessalines retomar a liderança do processo de independência, assentado nos valores quilombolas.

Entretanto, antes de Dessalines comandar a luta que estabeleceria definitivamente a independência, derrotando o exército de Napoleão, um ex-escravo que se graduara em feitor, que sabia ler e escrever e possuía a ideologia crioula da capital colonial – Porto Príncipe – ocupou a liderança no bloco dirigente da luta de libertação. Era ele o proclamado Toussaint, "L'Ouverture".

O código de trabalho por ele promulgado prescrevia a todo ex-escravo continuar prestando serviço ao seu antigo senhor, por mais cinco anos, sem poder se ausentar da unidade produtiva sem sua autorização, sob pena de severos castigos, em troca recebendo minguado salário para sua manutenção. Por esse código, percebe-se que Toussaint atuava nos limites ideológicos da burguesia revolucionária francesa: liberdade e fraternidade – para a burguesia. Contrariando as aspirações neo-africanas-haitianas, Toussaint não pretendia romper com a economia da grande plantação, da monocultura da cana-de-açúcar e, portanto, também não rompia com a escravidão, que de direta passava a ser indireta: a escravidão do trabalhador rural e do proletariado.

Foi durante o período de Toussaint que Napoleão enviou seu exército a São Domingos, sob o comando de seu cunhado Leclerc, com a recomendação de realizar uma guerra de extermínio pois, para ele, somente o genocídio dos habitantes da ilha e a imigração forçada de novos africanos, a escravidão e a colônia poderiam ser restauradas. Toussaint tentaria estabelecer negociações com a França mas, em meio a esse esforço, foi preso e enviado para as montanhas do Jura, onde pouco depois morreria. Ainda no mesmo ano de sua morte, Dessalines ocupou a liderança do processo libertário, derrotando definitivamente as forças de Napoleão, e consolidando a independência haitiana, em 1804.

Diante da inesperada derrota e de seu contundente fracasso, Napoleão se autocriticou: "Tenho de me censurar pela tentativa feita junto à colônia, durante meu consulado. A intenção de fazê-la render-se pela força foi um grande erro. Devia ter ficado contente em governá-la por intermédio de Toussaint."

Os negros festejaram a vitória, os quilombos constituindo a sociedade nacional. Os valores da sociedade africana se enraizavam e se expandiam nas Américas – na Afro-América. Nesse contexto, a terra possui uma dimensão sagrada. Na cosmogonia negro-africana, o ciclo da vida, o ritmo do universo estão ligados à fertilidade da terra, à fertilidade dos grãos, no mistério do renascimento, da restituição e da gestação. A floresta, inesgotável fonte de vida, e a terra trabalhada, que proporciona abundantes e múltiplas colheitas, proporcionando o alimento, não estão dissociadas do culto aos ancestrais e aos voduns. A terra contém o mistério do além: é para ela que caminhamos e seremos restituídos, completando nossos destinos.

Cada família extensiva negro-africana se constitui também numa unidade de produção e anseia pela terra. A sociedade se organiza através dessa base socioeconômica e cultural e o trabalho cooperativo ou comunal – que no Brasil conhecemos pelo nome de "mutirão" – complementa e atende às necessidades socioprodutivas, não só no âmbito da agricultura mas abrangendo todas as atividades.

Por outro lado, o ser humano, que é compreendido como constituído de partes desprendidas das diferentes matérias, massas componentes do universo – isto é, os voduns – é também investido de sacralidade. Nesta ordem social, não há lugar para a escravidão, é único e livre, descendente dos remotos ancestres constituintes das comunidades.

DA INDEPENDÊNCIA À INTERVENÇÃO

Jaques Dessalines, o líder da luta da independência, trazia nas suas costas as marcas do tempo da escravidão. No poder ele realiza as aspirações nacionais.

Desta forma pouco afetou aos anseios da grande maioria do povo haitiano a política do isolamento do mercado internacional imposto à ex-colônia francesa, outrora a maior produtora mundial de cana-de-açúcar e seus derivados. Essa condição de destaque no mercado colonial implicara a grande plantação, a monocultura, a escravidão, a tortura e a miséria.

Dessalines realiza as aspirações nacionais no nível do estado entregando as terras dos senhores a seus ex-escravos, em vez de deixá-las nas mãos dos seus filhos mulatos. Realiza, assim, uma verdadeira reforma agrária, em vez de proclamar qualquer código de trabalho. Sua política é a de menor comércio possível com o exterior.

Conseqüência desta política é o esvaziamento de Porto Príncipe, a capital da ex-colônia, por onde entravam os africanos e saía a riqueza, e por onde entravam também os bafejos ideológicos da revolução francesa que promoveria a adesão dos habitantes da cidade às lutas de independência.

A transferência da capital para a região de Derance – cujo nome era uma homenagem ao líder quilombola Lamon Derance –

situada no coração das mais inacessíveis montanhas da ilha, base da luta de libertação, irritou a elite dirigente que cercava o governo do falecido Toussaint. Ela tramou e assassinou Dessalines, entregando o corpo para ser esquartejado pelo populacho descontente de Porto Príncipe.

Cristóvão, que assumiu o poder, tentaria retomar os objetivos de Toussaint. Para isso implantou uma forte ditadura que provocou a guerra civil e a sua morte. Fato significativo é que, durante a rebelião, os camponeses quilombolas queimaram sua fazenda-modelo.

A partir daí, o Haiti viverá em profunda crise social, caracterizada pela separação entre o Estado – controlado por militares administradores que usufruem dos privilégios do poder – e a nação, organizada sob os valores quilombolas.

As mudanças ocorridas na conjuntura internacional, provocadas pela feroz competição entre as nações imperialistas, e que redundou na primeira grande guerra mundial, favoreceram para que os EUA emergissem, como nova potência capitalista. A elite militar-burocrática do Estado haitiano já tentava reforçar sua segurança aumentando o aparato repressivo através da cobrança de taxas e impostos sobre os camponeses. O recrudescimento das insatisfações internas e conseqüentes protestos levaram, por outro lado, a uma gradual abertura do Estado para o comércio exterior.

Metida a cabeça no laço das relações de troca internacional, a exploração recai cada vez mais sobre os camponeses. As baixas alternadas dos produtos de exportação – café e algodão – no mercado internacional induzem aos pedidos de empréstimos ao exterior. Uma dívida externa flutuante aperta o laço ameaçando estrangular a soberania nacional, o *First National Bank* logo se torna o primeiro banco do Haiti. Floresce uma nova classe hegemônica no país – a burguesia externa.

Para garantir essa conjuntura engendrada pelo *dolar diplomacy* durante o governo do presidente Wilson, os fuzileiros navais – os *marines* – invadiram a ilha, matando mais de dois mil habitantes que "encontraram a sua frente".

Em 1934 eles retornariam para garantir "investimentos" e ajudar a burocracia-militar a manter-se no poder de Estado. Este cada vez mais gasta com a sua segurança, contra os cidadãos. Assim "assegurados", os dirigentes realizam negociações e transações inacreditáveis.

Crescem os protestos e a insatisfação do povo. Entre o Estado e a Nação, não há mais um hiato. Há um abismo.

Agora, a queda da "Dinastia Duvallier"[1] pode significar o início de uma mudança do bloco no poder haitiano e, quem sabe, a retomada dos valores do povo no nível do Estado, pois só assim o Haiti poderá honrar a memória dos ancestres africanos que lutaram tenazmente em busca de sua afirmação existencial, da libertação e de uma vida plena neste mundo.

---

1. Apesar da queda da "Dinastia Duvallier", não houve mudança na estrutura social do Haiti, que ainda continua sofrendo com o silêncio e com um forte recalcamento ideológico. Isso não permite a nós, brasileiros, obter maiores informações e ter verdadeiro conhecimento sobre a história e a cultura desse povo irmão que concorreu substancialmente para o fim da escravidão na modernidade e alterou a face do imperialismo.

CUBA: ALÉM DE FIDEL, GUEVARA, RAUL E CIENFUEGOS

"Maceo se porto como un hombre entero en Mal Tiempo, iba al frente síempre. Llevaba un caballo moro mas bravo que el mismo parecia que no tropezaba con nadie. Después que rompío el fuego de los españoles, que estaban en el solo con las bayonetas preparadas, se acercó el escuadrón donde yo estaba y haí fué donde lo vide mejor. Ya el fuego había bajado un poco. Se oían tiros todavia. Maceo era alto, gordo, de bigotes y muy hablador. Daba ordenes y luego era el primero que las cumplia."

Esteban Montejo, autor deste depoimento divulgado no livro *O negro,* de Clóvis Moura, foi um dos milhares de palenques ou quilombolas que participou da guerra dos dez anos (1868–1878) pela independência de Cuba, sob o comando do herói negro revolucionário Antônio Maceo.

Para Maceo, a luta da independência e o fim da escravidão eram uma coisa só. Essa luta era conseqüência natural dos esforços de libertação dos palenques, que desgastaram os espanhóis durante todo o período colonial. Uma luta heróica em que sobressaíam os chefes palenques Cobas, Agustin ou Gallo; Moa ou El Frijol; a Cienaga de Zapata ou Gajío, Ato Longo, Muluala, Tiguabos e outros que o povo negro cubano guarda na sua história.

Os palenques ocupavam significativa área liberta nas montanhas da ilha e ameaçavam banir os espanhóis, como acontecera com os franceses no Haiti. O exército de Maceo, apoiado pelos palenques, acabava com a escravidão nas áreas em que vencia os espanhóis. Esse desdobramento da luta anticolonialista dos palenques empurrou a burguesia (inclusive a pequena burguesia) a ingressar no processo de independência.

Todavia, se para Maceo independência e libertação eram uma só coisa, para muitos outros dirigentes que representavam os interesses da burguesia, independência e escravidão eram coisas diferentes. Lutavam pela independência mas contemporizavam com a escravidão. Existiam ainda setores que compartilhavam as idéias do fim do tráfico escravista mas dentro dos valores de pensamento de um frei Alonso de Sandoval, para quem essa medida era necessária como primeiro passo para começar o processo de branqueamento. É o caso do famoso historiador cubano José Antonio Saco, que desejava uma Cuba independente porém embranquecida. Diante da iminência da hegemonia quilombola na condução do processo de independência, expressava seus desejos: "Só temos um remédio: branquear, branquear, branquear, e então fazer-nos respeitáveis." Isso significava, em outras palavras, que para a burguesia continuar com as relações de troca internacional, baseadas na exportação do açúcar, isto exigia a manutenção da estrutura agrária latifundiária. Assim, Cuba seria "respeitada" pelas nações neocolonialistas e imperialistas e a burguesia continuaria representando o seu papel.

O ímpeto das forças do povo quilombola na luta de independência iria porém amedrontar e, finalmente, paralisar o bafejo revolucionário burguês. Assustada, a burguesia de Cuba abandona as aspirações nacionais, permitindo aos espanhóis permanecer na ilha confrontando-se apenas com a contínua resistência dos palenques.

Somente quando o ardor imperialista impulsiona os Estados Unidos a arrebatarem a antiga colônia das mãos da Espanha decadente, em 1898, é que a burguesia se sentiria garantida e em condições de fazer o papel de líder do processo de independência, no teatro da guerra coadjuvada pela burguesia americana, através de seus "marines".

Resultado desta independência é a famosa Emenda Platt, que permitiu, pela própria constituição cubana, a intervenção militar americana, desde que a "ordem" fosse ameaçada, a dívida externa não paga e a segurança e os interesses dos cidadãos americanos postos em perigo.

Quando se proclamou a independência, conta-nos ainda o quilombola Esteban Montejo, começou a discussão de se os negros haviam lutado ou não. "Eu sei – declarou – que 95% da raça negra fizera a guerra." Apesar disso, ele destaca que os negros terminaram sendo marginalizados no novo regime.

Em 1959, o triunfo da revolução comandada por Fidel Castro se assenta nos princípios e táticas quilombolas de luta nas montanhas. Os camponeses constituem a base da luta guerrilheira que iria derrubar o ditador Batista. A esse respeito, Wole Soyinka[1] observou: "Ogun por sua parte se torna não só o deus da guerra mas o deus da revolução no contexto mais contemporâneo – e isto não se dá meramente na África, mas nas Américas, para onde seu culto se espalhou. Como os suportes católicos romanos do regime de Batista em Cuba descobriram demasiadamente tarde, deviam ter-se preocupado menos com Karl Marx e mais com Ogun...".

---

1. Wole Soyinka, importante intelectual da Nigéria, Prêmio Nobel de Literatura e autor de importantes livros sobre a civilização africana.

AFIRMAÇÃO DOS VALORES RELIGIOSOS NO BRASIL

TEMPO DE REIS

Natal, Ano-Bom e Reis é tempo de congadas.

A tradição das congadas remonta ao tempo das primeiras cidades no Brasil sob a égide econômica do tráfico escravista em Salvador e da exploração do ouro e das pedras preciosas em Minas Gerais.

Não vamos computar aqui as vilas do Recife e Olinda, e nem as vilas dos quilombos dos Palmares no século XVII. As primeiras porque antes da chegada dos holandeses eram simples portos de embarque de açúcar e desembarque de prisioneiros de guerras, caracterizados como escravos, resultantes da luta no Congo e no Ndongo que se empenhavam para acabar com a presença européia e o tráfico escravista, especialmente os portugueses, em terras africanas. As segundas porque obedeciam às estratégias de guerra de movimento e guerrilhas e muitas vezes adquiriam mais características de quilombos (acampamentos militares) do que a estabilidade inerente às cidades propriamente ditas.

Por fim, tanto umas como outras se exauriam nas guerras travadas entre si durante cem anos. Uns lutavam para instituir a escravidão e ansiavam pela acumulação de capital em meio ao sistema colonialista internacional nascente, as outras lutavam pela liberdade, pelo direito de afirmação sócio-existencial própria, enfim pela vida. Se fôssemos atribuir *status* de cidade, baseados na complexidade da organização socioeconômica e política, na divisão social do trabalho livre, no bem-estar social e no número de habitantes, as cidades palmarinas é que seriam contempladas por essa classificação.

A guerra dos Palmares obrigara a Coroa portuguesa a negociar de igual para igual com os líderes palmarinos, Ganga Zumba e Zumbi. As negociações com Ganga Zumba culminaram na legitimação no âmbito da sociedade oficial da existência de um reino negro no Brasil. As negociações com Zumbi eram de chefe de Estado para chefe de Estado, o rei Pedro II de Portugal para o "Capitão dos Palmares", como se observa nas cartas enviadas pelo rei ao líder palmarino através dos emissários dos portugueses. Se não houve a proclamação de um "Code Noir" como fizeram os franceses, caracterizando os direitos daqueles que classificavam como escravos, a Coroa de Portugal, porém, a partir da guerra de Palmares, interveio diretamente nas relações entre senhores de engenho ou proprietários de escravos e o contingente negro no Brasil. Embora a categoria jurídica de escravo continuasse regida pelas Ordenações Filipinas, que a incluía entre os bens semoventes, isto é, equivalente aos bois, cavalos etc., não se podia mais dispor inteiramente dos que se encontravam submetidos a esse regime.

A classificação e limitação dos castigos físicos e normas que caracterizavam a aquisição das cartas de alforria, além da intervenção direta do governo para regular essas matérias, foram conseqüência de uma luta que ameaçava lançar os portugueses no Atlântico como fizeram os negros no Haiti com os franceses em 1804.

Nas cidades mineiras cercadas de quilombos, como o do Ambrósio e Campo Grande, que abrigavam uma população quase igual à de Palmares, os negros, por meio das irmandades católicas, procuravam dessa forma também engendrar os espaços necessários à coesão grupal, formando correntes de compra de cartas de alforria, libertando-se da escravidão, e implantando os valores característicos à sua identidade própria inerente à sua afirmação sócio-existencial.

Por intermédio dessas irmandades eram coroados, na festa do padroeiro, o Rei Congo, símbolo da continuidade dos valores da realeza africana no âmbito do processo histórico negro-brasileiro.

A atualidade das congadas está em que ela, mantendo por sua linguagem estética própria os valores de ancestralidade e realeza africana, se desdobra nas relações sociais que caracterizam a coesão grupal negro-brasileira.

As congadas que caracterizam a coroação do Rei Congo se compõem de diversas companhias, das quais se destacam a Congada propriamente dita e o Moçambique. Do ciclo das congadas fazem parte muitas outras manifestações similares, como o Maracatu, as Taieiras, os Ticumbis etc.

A Congada propriamente dita caracteriza-se pela dramatização das embaixadas, isto é, o esforço da rainha Ginga do Ndongo (Angola), por meio do seu embaixador, em conseguir a unidade com as demais nações do império do Congo para lutarem contra a invasão portuguesa.

No enredo da Congada a unidade é alcançada pelas homenagens ao ancestre comum, no caso, na forma de um negro que se tornou santo, São Benedito.

Meu São Benedito
Santinho dos negros
Ele tão pretinho coberto de graça
Meu São Benedito
É santo e tem cordão
Pra valer os pobres
Na maior ocasião.

No Moçambique, conta mestre Marcelo da companhia do bairro de São Roque em Aparecida do Norte, São Paulo, que São Benedito era "gente como nós", isto é, que dançava Moçambique:

"Uma vez, uma porção de cuzarruinzada começô a persegui Nosso Sinhô. Zele curria na frente os cuzarruim atrais. Atravessô uma ponte zeles atrais também. Então Nosso Sinhô viu o Benedito, que era gente como nóis e disse prele: – Benedito eu vô corrê por aqui, se os cuzarruim perguntá procê não diga pra donde eu fui. Nosso Sinhô levava dianteira e seguiu. Quano os cuzarruim viero e perguntaro, Benedito respondeu: – Zele pra mim deu uma vorta e vai passá aqui embaixo da ponte. É mió ocês esperá Izele aí. Assim que todos zeles estava lá, começô a dançô cos companhêro. E tanto dançaro Moçambique, e tanto batero cos bastão que a ponte afundeo em cima de zeles e matô tudo.

– *Então Nosso Sinhô vortô, feis o Benedito virá santo e disse: – "Benedito, ocê sarvô o fio de Deus com sua dança. Por isso ocê há de prossegui ele enquanto o mundo fô mundo". E aí ficô o Moçambique. Por isso que o Moçambique é dança bençoada por Deus."*[1]

Meu Deus
Quem foi que cantou aqui
Meu Deus
Foi a cumpania de São Benedito
Padroeiro do Brasil
Meu Deus.

---

1. Cf. RIBEIRO, Maria do L. B. *Moçambique.* Rio de Janeiro: Funarte, 1981.

FESTA DA CONCEIÇÃO

O catolicismo foi o "cavalo de tróia" pelo qual os africanos introduziram, implantaram e expandiram seus valores civilizatórios nas Américas e especificamente no Brasil.

Por intermédio do catolicismo, única religião permitida até 1946, quando a Constituição assegurou a liberdade de culto, mas que em relação às religiões negras não produziu efeito significativo, o negro teve de estabelecer um processo de africanização das instituições religiosas européias em nossa terra, para poder afirmar sua identidade própria e constituir os espaços sociais necessários à coesão grupal, enfim, de realizar sua afirmação sócio-existencial.

Convém registrar que, até o ano de 1976, na Bahia, o estado de maior população negra do país, que irradia os valores mais genuínos da identidade cultural da grande maioria do povo brasileiro, as instituições religiosas da tradição africana estavam obrigadas a registrar-se na delegacia de jogos e costumes e a avisarem ao delegado quando fossem cumprir seus calendários litúrgicos. Ainda hoje, o museu da polícia, no Instituto Nina Rodrigues, retém e exibe em sua seção de contravenções criminais, importantes e significativos objetos religiosos oriundos dos diversos saques realizados durante as investidas de repressão à religião africana. Embora, durante a 2ª Conferência Mundial da Tradição dos Orixás e Cultura, realizada em 1983 em Salvador, a comunidade negra tenha repudiado essa situação, nenhuma autoridade pública tomou as providências cabíveis para tranferir os objetos para os locais adequados.

O tratado de paz de 1657, que garantiu a independência do Ndongo (Angola) e o fim do tráfico escravista na região, firmado pela rainha Ginga, teve como contrapartida resultante das negociações que envolveram o papa Alexandre, a permissão da entrada dos missionários capuchinhos no reino africano.

No Brasil, esse tratado repercutiria no sentido de reforçar a Igreja como uma instituição capaz de mediatizar a relação entre os europeus, os africanos e seus descendentes. Evidentemente, sempre no sentido de buscar estabelecer formas de convivência que mantivessem o *status quo* do sistema escravista.

A pressão dos quilombos, especialmente o reino dos Palmares, levaria a Coroa e também a Igreja a interferirem nas relações sociais de produção escravista, estabelecendo normas e ações cujo alcance visava diminuir as arregimentações quilombolas.

Essas normas e ações propiciaram maiores índices de compra de cartas de alforria e conseqüentemente aumento do número de libertos, que fundaram as irmandades negras e formaram correntes de libertação em meio ao processo de conquista de um espaço social necessário à coesão grupal e ao processo de africanização do catolicismo, que garantia uma afirmação existencial própria. Desse contexto nasceram as congadas, que manifestavam a transformação do santo católico em ancestre africano.

No Ticumbi, por exemplo, num ponto culminante da dramatização que narra o enredo das relações entre o Mani-Congo e o Mani-Bamba, batendo e sacudindo com veemência os pandeiros e ganzás, unidos todos ombro a ombro, dançando em roda, cantam-se versos que falam por si:

> *Auê, como está tão belo*
> *O nosso Ticumbi*
> *Vai puxando pro seu rendimento*
> *Que São Benedito*
> *É filho de Zambi!*

* * *

Impossibilitado o tráfico escravista em Angola, os traficantes se deslocaram para a chamada Costa da Mina, onde uma guerra entre o Daomé e o império Oyo-Iorubá, e entre estes e os fulani islamizados proporcionariam o comércio de prisioneiros de guerra com os europeus no litoral.

Com a chegada dos nagô ou iorubá, dos fon conhecidos como jeje, a africanização do catolicismo prosseguiria com novas dimensões culturais.

Inseridos no mesmo contexto da luta de libertação contra a escravidão mercantil colonialista, lutando por sua afirmação sócio-existencial, os nagô prosseguiram as estratégias capazes de obter conquista dos espaços necessários à coesão grupal, seja por meio dos quilombos, das insurreições ou da criação das irmandades católicas.

Os nagô leram a hagiologia e a imaginária dos santos católicos como uma obra aberta, no sentido que este conceito possui em Umberto Eco, isto é, atribuíram significados novos, estabelecendo o orixá pertinente a cada um e constituindo uma liturgia paralela relacionada com as suas oferendas e rituais preferidos. O caruru de Santa Bárbara, as pipocas de São Lázaro, os frutos da Conceição, a lavagem do Bonfim etc.

Aquela imagem de Nossa Senhora da Conceição, mãe de Jesus, usando as cores amarela e azul, sobre o mundo, cabaça-ventre fecundado, de onde emergem a cabeça de várias criancinhas, só podia ter sido de Oxum, orixá patrono do culto à Iá Nla, a Grande Mãe.

Foram as integrantes da irmandade de Nossa Senhora da Boa Morte da Barroquinha, altas sacerdotisas da tradição nagô-iorubá, que fundaram o primeiro ilê axé de que se tem notícia em Salvador, o Axé Aira Intile, que depois tomou o nome de Ilê Iá-Nassô.

O Ilê Iá Nassô foi constituído por personalidades de alta hierarquia na religião tradicional africana. Uma delas, Ialodé Erelu, estava relacionada ao culto Gelede, dedicado às mães ancestrais. A procissão Gelede saía às ruas em meio à de Nossa Senhora da Conceição, no dia 8 de dezembro. Era o jeito...

Hoje em dia, as festas africanas aos santos católicos vêm perdendo sua antiga religiosidade, pois o avanço da luta pela afirmação própria da religião africana já permite no Brasil o estabelecimento de seus espaços, uma vez respeitado o preceito constitucional que garante aos cidadãos brasileiros a liberdade de culto.

OJO ODUN BABA OLUKOTUN
ATI OJO ODUN OLOKUN
ATI OJO ODUN BABA AGBOULA

Duas datas relevantes relacionadas à continuidade transatlântica no processo civilizatório negro no Brasil destacam-se nos meses de janeiro e fevereiro. A primeira refere-se ao festival de *Baba Olukotun, Olori Egun,* o mais antigo ancestral do povo nagô comemorado a seis de janeiro, por sinal dia de Reis.

Baba Olukotun, senhor da direita, princípio masculino da existência, se caracteriza como ancestre supremo renovador da humanidade.

O culto a Baba Olukotun no Brasil inicia-se com o retorno da África de Marcos, o Velho e seu filho Marcos depois de terem permanecido por muitos anos aperfeiçoando seus conhecimentos litúrgicos relacionados com o culto aos *egunguns,* os ancestrais.

Marcos, o Velho, que era africano, havia já fundado por volta de 1830 o terreiro de Mocambo. Em seu retorno para o Brasil ele e seu filho trouxeram o assento de Baba Olukotun. Após o falecimento de Marcos o velho, seu filho Marcos Teodoro Pimentel fundou o terreiro *Ilê Olukotun* no povoado africano chamado Tuntun, na ilha de Itaparica.

Marcos possuía o título de *Alapini,* sacerdote supremo do culto aos egunguns. Na tradição histórica nagô, o Alapini representa os cultos de uma cidade aos Egunguns no afim, o palácio real.

Em Oyó, tradicional capital política do povo nagô, em que Xangô é o orixá patrono, o Alafim senhor do palácio, rei, só pode ser consagrado no posto depois de ritualmente preparado pelo Alapini.

A relação entre a ordem sociopolítica que emana do afim com a tradição ao culto aos egunguns está também caracterizada pelo uso de folhas rituais da árvore acoco colocadas sobre a cabeça de um chefe ou rei durante as cerimônias de sua instalação.

Sabemos que a simbologia desta ação ritual se relaciona com o *opa acoco* ou *opacoco*, galho da árvore sagrada acoco que constitui o cetro referente ao assento coletivo dos egunguns. A própria vestimenta dos egungun possui o nome *opa*, derivado da denominação Opakoko.

A relação entre o culto egunguns e o Afim é complementar. Pois o culto aos ancestrais sobredetermina as ações destinadas a estabelecer a reprodução dos valores da tradição que assegurem a harmonia social capaz de expandir a comunidade em direção ao desenvolvimento da plenitude de seu destino.

Após o falecimento de Marcos Alapini, por volta de 1935, o assento de Baba Olukotun foi levado para o Rio de Janeiro, precisamente para São Gonçalo, pelo seu sobrinho Arsênio Ferreira dos Santos que possuía o título de *Alagba*.

Após o seu falecimento, o assento de Baba Olukotun retornou à Bahia por intermédio do atual Alapini, Sr. Deoscóredes M. dos Santos, mestre Didi *Axipá*, presidente da Sociedade Cultural e Religiosa *Ilê Axipá*. Mestre Didi foi iniciado na tradição do culto aos egunguns, precisamente por Marcos e Arsênio, respectivamente.

Outro festival importante acontece no dia dois de fevereiro, quando o *Ilê Agboula*, tradicional comunidade de culto aos egunguns de Ponta de Areia, na ilha de Itaparica, faz a entrega das oferendas aos orixás das águas: Oxum, Iemanjá e Olocum, Senhor do Oceano, para onde todas as águas correm.

O início desse festival acontece no dia 17 de janeiro, quando a comunidade sacerdotal reunida após o ossé, oferecido a *Baba Bakabaka*, patrono do terreiro, aguarda deste *egum* as determinações para a festa aos orixás das águas que culmina com a entrega de suas oferendas num determinado ponto da baía de Todos os Santos, numa verdadeira procissão de saveiros.

De acordo com a tradição, o culto aos ancestres e o culto aos orixás se caracterizam como diferentes, *"o to egum, o to orixá"*, porém, são complementares. Ambos são de grande relevância, valor e dignos de imenso respeito.

Sem os ancestres, a humanidade, as gerações de hoje e de amanhã não existiriam, e é a humanidade, em sua relação dinâmica de restituição de *axé*, com os ancestres e os orixás, que garante a harmonia e a expansão do mundo conforme as normas da tradição.

Muitas Ialorixás, sacerdotisas maiores do culto aos orixás, compreendem o profundo significado da relação do culto aos egunguns com o culto às forças cósmicas que governam o mundo.

A grande sacerdotisa, Mãe Aninha, Ialorixá Oba Biyí, tinha como *ojise*, o mensageiro protetor da comunidade que dirigiu, o *Ilê Axé Opô Afonjá*, o egum, espírito ancestral, *Baba Alapala*.

Sua sucessora, Mãe Senhora Axipá, *Ialorixá Oxum Muiwa Iá Nassô* possuiu o título de *Iá Egbe* no culto aos gunguns.

Essa aproximação não era aleatória, nem causada por simpatia aos terreiros de egum e seus fiéis simplesmente, mas sobretudo porque a tradição caracteriza a obrigação que ela tem como zeladora de culto aos orixás, para com os ancestrais e todos os eguns, a fim de poder exercer o sacerdócio da forma que achar necessário. Poemas tradicionais, *oriqui*, afirmam:

> *Iá mi axexê*
>
> *Baba mi axexê*
>
> *Olorum mi axexê o!*
>
> *Ki nto oba orixá a e!*
>
> *Minha mãe é minha origem*
>
> *Meu pai é minha origem*
>
> *Olorum é minha origem*
>
> *Assim sendo, adorarei minhas origens*
>
> *antes a qualquer orixá.*[1]

---

1. Conforme Santos, Deoscóredes M. dos. "Qual é o terreiro exclusivo de Orixá". *Siwaju*. Boletim do Intecab – Instituto da tradição e cultura afro-brasileira, Salvador-Ba, nº 5/6, 1991/1992.

Outra data relevente é o dia sete de setembro, quando ocorre o festival de *Baba Agboula*, o *Egum Agba*, patrono do Ilê Agboula, terreiro de culto aos ancestrais nagô em Ponta de Areia, na ilha de Itaparica.

O culto aos ancestrais masculinos, os egunguns, segue uma tradição originária de Oyó, capital política do império nagô, e cujo orixá patrono das dinastias reais é Xangô, cujo culto é bastante conhecido no Brasil.

O Ilê Agboula concentra uma tradição de diversos terreiros de egum, que, ao longo da história do Brasil, se estabeleceram em nossa terra desde os primeiros decênios do século XIX.

Segundo Juana Elbein[2] e Deoscóredes M. dos Santos, no artigo "O culto aos ancestrais na Bahia: o culto Egun", publicado no livro *Oloorisa*, em ordem cronológica destacam-se vários terreiros, como o terreiro de Vera Cruz, no povoado do mesmo nome, o mais antigo de Itaparica. Seu fundador e chefe foi um africano muito conhecido, chamado Tio Serafim. Ele trouxera, da África, o egum de seu pai, invocado até os dias atuais como Egum Okulele. Tio Serafim faleceu com mais de cem anos, no início do século XX, tendo fundado o terreiro ainda bastante jovem.

Outro terreiro fundado por volta de 1830 por um africano que comprara sua carta de alforria, chamado Marcos Teodoro Pimentel, conhecido como Marcos, o Velho, foi o de Mocambo.

Outro terreiro bastante antigo foi o da Encarnação, que teve na direção um filho de Tio Serafim, chamado João Dois Metros. Foi no terreiro de Encarnação que se invocou pela primeira vez no Brasil o Egum Baba Agboula, considerado um dos patriarcas do povo nagô.

O terreiro do Corta-braço, na Estrada das Boiadas, atual bairro da Liberdade, foi outro, cujo chefe era um africano conhecido

---

2. Juana Elbein dos Santos, uma das mais importantes intelectuais na realização de trabalhos de ciência, cinema, teatro etc. e de programações científicas e culturais voltadas para a divulgação do patrimônio cultural nagô no Brasil. Seu livro, *Os nagô e a morte* é um marco fundamental na bibliografia atualizada. É dirigente da Sociedade de Estudos da Cultura Negra no Brasil – SECNEB, e juntamente com seu marido, Mestre Didi, Alapini, participa de outras importantes instituições da tradição afro-brasileira.

como Tio Opê. Um dos *ojé*, sacerdote do culto aos egunguns, conhecido por João Boa Fama, iniciou alguns jovens na ilha de Itaparica, que se juntariam com descendentes de Tio Serafim e de Tio Marcos, para fundarem o Ilê Agboula, em Ponta de Areia.

O artigo acima citado ainda menciona outros terreiros de egum implantados na Bahia, que estabeleceram as condições de continuidade de valores e de afirmação existencial do homem negro e sua ancestralidade direta nas Américas.

Uma das características invariáveis do complexo civilizatório africano é o culto aos ancestrais. Quanto ao complexo religioso e cultural nagô este não se distingue dos demais sistemas africanos no que se refere aos valores atribuídos à expansão familiar, à antiguidade institucionalizada e à ancestralidade cultuada.

O culto aos egunguns se constitui num dos baluartes da continuidade do sistema cultural nagô no Brasil e nas Américas, posto que não se conhecem terreiros desta tradição, que não na África e aqui.

O culto a egunguns difere do culto aos Orixás, embora pertençam à mesma tradição religiosa e cultural e até se complementem. Ele se caracteriza pela invocação e pelo mistério da aparição do ancestral masculino egungum, cujos belíssimos trajes se caracterizam pelo nome de *opá*.

A palavra opá deriva, conforme ainda os autores acima citados, da designação Opacoco, que se refere ao assento coletivo dos egunguns. O Opacoco é feito de um galho de árvore sagrada – acoco – cuja folha é também colocada sobre a cabeça de um chefe ou rei, durante as cerimônias de sua consagração no posto.

O culto aos egunguns se relaciona com as árvores sagradas. Varas finas da árvore *atori*, denominadas *ixã* são usadas pelos *ojé* para invocar e orientar a dinâmica ritual que se procede entre os mundos contíguos do *aiê* – este mundo – e o *orum* – o além.

Os egunguns são garantidores dos valores da tradição que permite à comunidade e aos fiéis alcançarem plenitude de seu destino.

Sacerdócio eminentemente masculino, no ano de 1986, durante o festival de Baba Agboula, foi confirmado o novo Alagba, título do chefe mais velho da comunidade. O Sr. Domingos, de tradicional família derivada do mesmo ramo do saudoso Sr. Antonio Daniel de Paula, teve sua confirmação:

Oni Ojo Odum Baba Agboula (No dia do festival de Baba Agboula), *Mojuba awon alaba* (Saúdo os mais velhos).

ORIXÁ EXU

O culto ao Orixá Exu é um dos mais combatidos pelos aparelhos de Estado coloniais e neocoloniais, sobretudo porque este orixá é o responsável pela dinâmica ritual que assegura o desenvolvimento e a expansão da vida neste mundo.

Sabemos que um dos aspectos mais importantes da religião negra se caracteriza pela dinâmica litúrgica do processo de restituição de axé, na forma de oferendas. O axé, conceito divulgado no âmbito acadêmico por Juana E. dos Santos em seu livro *Os nagô e a morte*, se constitui de substâncias-símbolo transmissoras de determinado aspecto das forças cósmicas que governam o universo.

Essas forças percorrem tanto esse mundo, *aiê*, quanto o além, o *orum*. Entre esses dois mundos há uma relação contígua e dinâmica, proporcionada pela circulação de axé.

Uma história antiga conta que Exu delegou à humanidade a obrigação de realizar, na forma de oferenda, o processo dinâmico de restituição entre o *aiê* e o *orum*.

O equilíbrio cósmico, a expressão da vida no universo, depende, pois, do processo litúrgico das oferendas.

Exu, em seu aspecto de *Ojixé-ebó*, o mensageiro transportador de oferendas, realiza a interação do *aiê* com o *orum*.

Patrono do movimento, e da comunição, todo orixá, todo ser, possui o seu Exu que lhe possibilita ação.

Todo ser humano se constitui de seu Exu Bara, oba + ara, o rei do corpo. É ele o responsável pela circulação de substância no interior do corpo, nas suas cavidades, assim ele é representado pela cor preta.

Oxê Xangô Ati Eiye
Escultura de Marco A. Luz. Foto de A. J. Kissima

A circulação de substâncias, os processos de introjeção e restituição estão ligados a Exu.

Nesse sentido ele é o patrono da relação sexual, permitindo a interação entre princípios masculino e feminino, é quem permite desenvolvimento do feto, assegurando a circulação e introjeção de substâncias necessárias ao seu crescimento. Relacionado à placenta, Exu é responsável pelo processo capaz de engendrar a passagem e o nascimento, resultado da interação entre o *orum* e o *aiê*.

Exu, enquanto orixá patrono do movimento, propicia as ações que caracterizam o ciclo constante de renascimento. É ele que proporciona o nascimento de um indivíduo no *aiê*, assim como a sua restituição, isto é, retorno de suas matérias-massa que irão constituir o *egum ipori* no *orum*. Ou seja, a matéria ancestral necessária aos orixás para que proporcionem novos seres, que vivam no *aiê*.

Assim é que Exu está também ligado ao orixá Icú, Morte, responsável pelo retorno e restituição de axé do *aiê* para o *orum*, a fim de que o ciclo vital, o equilíbrio do universo, esteja assegurado. *Exu obé*, responsável pelo manejo da faca que separa, que tanto auxilia o nascimento como propicia a morte.

Tais funções e tais poderes que caracterizam o orixá Exu fazem com que ele seja sempre chamado e homenageado e seja o primeiro a receber as oferendas que reforçam o axé dos seres humanos, dos ancestrais e dos orixás.

Nos festivais anuais que caracterizam o calendário litúrgico do culto aos ancestrais e aos orixás ele é chamado para receber oferendas e enviá-las às entidades capazes de propiciar a harmonia, a paz, a saúde, o bem-estar e a prosperidade que asseguram a expansão da comunidade. Esta cerimônia, chamada *Ipadê* ou *Padê*, significa reunião. É Exu que poderá convocar os seres do *orum* que serão homenageados pelos seres humanos. É ele também que proporciona aos ancestrais e aos orixás a circulação e distribuição do axé que permite a expansão da vida.

Em uma civilização onde a expansão da vida é o valor maior, tanto no plano individual quanto no comunitário e no plano natural, é lógico que o orixá Exu se torne o mais solicitado nas dinâmicas religiosas.

Talvez aí esteja a razão por que o seu culto foi e ainda é até hoje combatido pelas forças da repressão colonial escravista, ou neocolonial genocida da política de branqueamento, que procuram desvirtuar o seu significado próprio, tentando estereotipá-lo como "diabo" ou coisas que tais, a fim de justificarem-se dizendo estar atacando "o mal".

Porém a vida continua e se a vida continua é porque Exu garante a dinâmica do ciclo vital.

Iba Elegba (Honra ao Senhor do Poder)
Iba Exu L'onã (Honra a Exu Senhor dos Caminhos)
Mo juba aiyê (Apresento os respeitos do mundo).

ODUM XANGÔ, O FESTIVAL DO FOGO

No período de junho a julho, as casas tradicionais da religião dos orixás comemoram *Xangô* patrono do raio e do fogo.

A conquista do fogo pela humanidade é celebrada em diversas culturas e civilizações devido ao que representou para a expansão da vida.

Na cultura nagô, a relação entre a conquista do fogo e a harmonia social e expansão da vida comunitária neste mundo, o *aiê*, se expressa na simbologia do culto ao Orixá Xangô.

Essa tradição é originária de Oyó, capital política do império nagô, fundada por Oraniã, e cujo orixá patrono é Xangô, considerado por sua vez o 4º rei desta cidade na extensa seqüência dinástica dos Alafins, os senhores do palácio.

A harmonia política do mundo nagô se alicerça numa hierarquia estabelecida basicamente por critérios de antiguidade. Esses critérios estão presentes desde a chefia da célula familiar até a constituição dos membros do *Oyó Mesi*, o conselho comunitário.

Na visão do mundo nagô, a harmonia social se constitui num princípio através do qual a humanidade se expande. A expansão da humanidade se constitui por outro lado num valor; os orixás terão mais filhos para cultuá-los e deste modo dinamizarão a vida, os ancestrais serão para sempre lembrados, a existência não se acabará.

No Brasil, o culto a Xangô é tão relevante e popular que, em algumas regiões do Nordeste, é atribuído às casas de culto ao orixá o nome de "Xangô".

Orixá Exu
Escultura de Marco A. Luz
Foto de A. J. Kissima

No fim do século XVIII, o destino trouxe para o Brasil a Iá-Nassô, principal sacerdotisa de Xangô, zeladora de seu culto no afim, o palácio.

A partir daí, o culto a Xangô ganha uma dimensão transatlântica de grande significado no processo de expansão civilizatória da tradição dos orixás.

A primeira casa de culto da religião dos orixás implantada no Brasil tem o nome de Ilê Iá Nassô, a popular Casa Branca, em homenagem a esta sacerdotisa.

A primeira ialorixá do Ilê Iá Nassô foi *Obá Tossi*, Sra. Marcelina da Silva. Filha de Xangô, ela, juntamente com *Bamboxê*, nome de alto dignitário do culto a Xangô, que o Sr. Rodolfo Martins de Andrade possuía desde a África, expandiu os valores religiosos da tradição em nossa terra.

Obá Tossi pertencia à linhagem da tradicional família – Axipá, originária de Oyó, e uma das sete famílias fundadoras de *Ketu*.

Dentre as inúmeras sacerdotisas iniciadas por Obá Tossi, destacamos a fundadora do Ilê Axé Opô Afonjá, cujo nome sacerdotal, *oruko*, é *Obá Biyi*.

A Iyalorixá Obá Biyi, ou Mãe Aninha, como ficou popularmente conhecida, com dignitários do culto como *Obá Sãiya*, Joaquim Vieira, amigo inseparável de Bomboxê, do *Ojé L'ade*, Martiniano do Bonfim, dentre outros, implantou as características socioculturais do império nagô em nossa terra, recriando suas instituições, hierarquias e títulos sacerdotais e honoríficos.

O grande significado e a importância do culto a Xangô no Brasil tiveram seu reconhecimento durante a gestão da sucessora de Mãe Aninha, Mãe Senhora, Maria Bibiana do Espírito Santo, *Oxum Muiwa*, quando recebeu do *Obá Adeniran Adeyemi II, Alafim Oyó*, o título de *Iá Nassô Oyó Akala Magbo Olodumaré Axé Da Ade Ta*. Mãe Senhora, Ialorixá Iá-Nassô, era trineta da *Axipá Obá Tossi*.

Após o falecimento do *Balé Xangô*, Sr. José Teodoro Pimentel, e da Ialorixá Iá Nassô, o filho desta, Deoscóredes Maximiliano dos Santos recebeu o título de Balé Xangô, e Ondina Valéria

Pimentel, filha daquele, sucedeu a Senhora como *Ialaxé Nilê Axé Opô Afonja*.

A pujança da continuidade transatlântica do culto a Xangô no Brasil foi reafirmada quando o Sr. Deoscóredes – ou Mestre Didi como é popularmente conhecido – confirmou em Oyó o título de Balé Xangô e também quando posteriormente recebeu do *Ala Ketu*, rei de Ketu, o título de *Baba Mogba Oni Xangô*, um dos mais altos do sacerdócio de Xangô.

Uma história muito antiga conta que egum, o ancestre masculino, roubou a roupa de Xangô.

O *abalá*, paramento litúrgico de tiras de pano que se desprega da roupa de Xangô, e que também compõe a vestimenta dos *egum-Agbá*, realiza no plano ritual a narrativa mítica.

O abalá simboliza o processo de descendência, linhagens em expansão sob a proteção de Xangô e dos ancestrais.

Tanto Xangô como egungum se caracterizam como entidades que realizam os princípios de justiça que garantem a continuidade dos valores da tradição comunitária, a harmonia social e asseguram a expansão da vida. Assim, como o culto a Xangô, o culto ao egum é originário de Oyó. Ele se desenvolveu na Bahia constituindo-se talvez no único das Américas.

Lésé orixá ou *lésé Egum*: embora o culto de orixá não se confunda absolutamente com o culto ao egum, eles são complementares.

Xangô é um orixá que essencialmente se caracteriza por ser corrente ininterrupta de vida neste mundo, realçada e representada por sua cor vermelha. Mas essa corrente não existiria sem nossos ancestrais.

Toda família, toda comunidade, toda cidade e seu palácio têm os assentamentos e cultuam seus ancestrais.

O *Alapini* é o sacerdote supremo do culto de egum. Em Oyó, ele integra o conselho chamado Oyó Mesi. Esse título, no Brasil, foi outorgado a Deoscóredes M. dos Santos, que também possui o título de *Assogbá*, supremo sacerdote do orixá *Obaluaiê*, como seu nome está dizendo, comanda os espíritos ancestrais.

Considerado irmão de Xangô, Obaluaiê é também orixá que zela pelos valores da tradição, é sentinela e guardião da comunidade.

Os títulos relacionados, outorgados ao Alapini, exprimem os fundamentos da complexa relação entre princípios complementares que regem o contínuo da vida e a harmonia social no mundo nagô. *Eku Odun Xangô! Kawo Kabiesilé!*

"IBA ORIXÁ, IBA, IBA IYA-MI, IBA L'ONIOO"

Penas do papagaio vermelho chamado *ekodidé*. Penas que representam o poder e mistério das *Iami agbá*, nossas veneráveis mães ancestrais.

Oxum, orixá princípio feminino da existência, é *Iami Acoco*, mãe ancestral suprema.

O poder de Oxum em transformar o sangue em penas de ecodidé, relatado na história *Por que Oxalá usa Ekodidé* do livro de Deoscóredes M. dos Santos, Mestre Didi Axipá, traz à tona o mistério contido no sangue menstrual, que caracteriza a capacidade de gestação, a fertilidade feminina, a fantástica transmutação do corpo da mulher, gerando filhos e alimento. A pena de ekodidé, sinal usado por Oxalá, orixá por excelência do princípio masculino responsável pela criação dos seres, manifesta reverência ao poder de Oxum, caracterizando o reconhecimento da complementação dos princípios diferentes em movimento e interação provocada pela necessidade cósmica da continuidade e expansão.

Exu, orixá filho, por meio do uso do ekodidé, o emblema *Egam*, de acordo com o *Itã Bi Exu De Oba Agbá Lowo Awon Orixá Gbogbo*, transcrito no livro *Os nagô e a morte*, de Juana Elbein dos Santos, tomou a primazia das mãos de todos os orixás. O casal mais um, processo de expansão, caracteriza o poder de mobilização e desenvolvimento concernente a Exu.

Óvulo, ovo, ventre fecundado; formas ventrais presentes na estética ritual do culto a Oxum, nas oferendas, nas roupas, jóias, gestos, danças e emblemas. *Abebe*, leque ritual, mistério da gestação. *Pupa ein*, vermelho gema de ovo, as cores do orixá. Ouro e bronze os seus metais.

Riqueza da vida, universo em expansão, patrona dos recém-nascidos, as filhas de Oxum não devem se indispor com ninguém, pois devem proteger a todas as crianças sem distinção.

Água corrente, fluxo musical, patrona da música, seu toque é o *ijexá*.

Mulher, peixe, pássaro, sereia; mãe abençoando a todos, rainha de cuja coroa pendem contas cobrindo-lhe o rosto, sinal negro-africano de realeza.

A continuidade do processo civilizatório negro-africano nas Américas envolve o culto a Oxum e às Iami agbá, nossas velhas mães ancestrais.

A tradicional sociedade secreta feminina, *Gelede*, existiu em nossa terra, e suas manifestações públicas ocorriam na Boa Viagem, segundo Édison Carneiro, durante as festividades de Nossa Senhora da Conceição, no dia 8 de dezembro: ocupação macia e sutil do espaço social, vedado pelas forças colonialistas e neocolonialistas que caracterizam a estruturação da sociedade oficial e do Estado do Brasil.

A *Ialaxé Omonike nilê Iá Nassô* substituiu a famosa Ialorixá Axipá Obá Tossi, depois de sua morte.

Omonike tinha, por nome católico, Maria Júlia Figueiredo e foi a chefe suprema do culto Gelede, relacionado com a devoção à Iami.

Ela possuía os títulos de Ialodê e Erelu. Segundo Juana Elbein dos Santos, "*Ialodê* é o título mais honorífico que uma mulher pode receber e que a coloca automaticamente à cabeça das mulheres e da representação no *aiê* (este mundo) do poder ancestral feminino". *Erelu*, por outro lado, caracteriza funções que relacionam aspectos de representatividade do culto à Iami na sociedade secreta Ogboni. Os títulos de *Ialáxé Omonike* exprimem a forte presença do axé implantado no Brasil, relacionado ao culto das forças cósmicas – princípios femininos que regem o universo.

Duas grandes sacerdotisas, filhas de Oxum, deram extraordinário brilho e irradiaram os valores da tradição civilizatória negro-africana no Brasil: foram elas Maria Bibiana do Espírito Santo, Oxum Muiwa (Ialorixá Nile Axé Opô Afonjá, Axipá Iá Nassô) e Escolástica Maria da Conceição Nazaré *Ialorixá Nile Iá Omi Axé Iamasse*), popularmente conhecidas como Mãe Senhora e Mãe Menininha, respectivamente.

Mãe Menininha, já falecida, substituiu a famosa ialorixá Pulquéria, de quem era sobrinha. Esta, por sua vez, era filha da fundadora do *Ilê Iá Omi Axé Iamasse*, a renomada Sra. Júlia Maria da Conceição.

Mãe Menininha assumiu a direção do "Terreiro do Gantois" com 28 anos de idade, e durante sua gestão atravessou um período de feroz repressão policial à religião da tradição dos orixás.

Contudo, à sua moda, Mãe Menininha foi "amansando os brancos", lutando pela afirmação e legitimação de seus valores próprios. Um exemplo de sacerdotisa, um exemplo de mulher, um exemplo de pessoa, um exemplo de mãe. Mãe africana, Iá, Ialaxé, Ialorixá.

> *Olajogun apakee* (honorável ancestral apakee).
> *Iá, Iá, omo atun aiê se* (mãe, mãe, as crianças que trazem a paz do mundo).
> *Ba wa tun aiê se* (proteja nosso mundo).
> *Iyá nla, omo atun aiê se* (as crianças que trazem a paz do mundo).
> *Ialorixá n'ile Iá Omi Ase Iamasse, Ka sun re ol...* (Ialorixá do terreiro Iá Omi Ase Iamasse, descanse em paz).
> *Iba Orixá* (Honra ao Orixá).
> *Iba Iami* (Honra às mães ancestrais).
> *Iba L'oni o o o* (Honra sempre).

"ÁGUAS DE OXALÁ"

No calendário litúrgico da tradição nagô realiza-se anualmente o ciclo ritual das Águas de Oxalá, que se refere ao festival de *Orixá Nla* ou *Obatalá*, o grande orixá, o rei do *ala*, do pano branco que envolve a todos nós, o ar, a existência genérica.

Orixá responsável pela criação dos seres que habitam o aiê, este mundo, Obatalá cumpre esta missão a ele designada por Olórum, Deus, desde o início dos tempos, quando chegou a *Ile Ifé*, tendo sido recebido por *Odudua*, orixá que criou a terra.

Obrigações aos espíritos ancestrais antecedem o início da cerimônia das Águas de Oxalá propriamente dita. As águas se iniciam com o ritual do *bori*, adoração da cabeça, quando todos os fiéis se fortalecem dando oferendas à sua própria cabeça, que deve ser cultuada antes do orixá.

Obatalá é a força cósmica do universo caracterizada pelo ar, ao qual todos estamos ligados enquanto vivemos.

Todos somos, portanto, de uma forma ou de outra, seus filhos, e devemos restituir seu axé, sua força, durante a cerimônia das Águas de Oxalá quando enchemos vasilhas de água, matéria primordial de tudo que nasce, e levamos ao seu *pegi* (altar) para renovar o ciclo da vida.

Orixá Nla é *orixá funfum*, isto é, ligado à cor branca. Seu axé está caracterizado por diversas substâncias como o giz, o chumbo, a prata, o algodão, os ossos, o sêmen etc.

Princípio masculino da criação, Orixá Nla está relacionado com as grandes árvores sagradas e desta forma exprime também sua relação com os Egunguns (espíritos ancestrais masculinos), princípios de justiça e zelo à tradição. Segundo as histórias antigas foi Obatalá quem deu a eles forma e movimento.

Uma outra história antiga, registrada no livro *Os nagô e a morte*, de Juana Elbein, conta também que, para cada ser criado, Orixá Nla cria uma árvore.

No segundo domingo do festival de Obatalá, todos os fiéis em procissão se colocam sob a proteção do ala, um vasto pano branco carregado pelos presentes e dignatários da comunidade-terreiro. Depois de passar e prestar reverência ao *Ilê Ibô Aku*, casa de adoração aos mortos, a procissão encerra-se no pegi de Oxalá.

No terceiro domingo, há a cerimônia dos atori, vara ritual feita da mesma qualidade de madeira com que são confeccionados os *ixã*, as varas instrumentos dos *ojé*, sacerdotes do culto aos egunguns, e que tem por finalidade controlar os limites entre nosso mundo, o *aiê*, e o mundo dos ancestrais, o *orum*.

Uma história antiga conta que Obatalá, irritado com a atitude desafiadora de um ser humano em pretender ultrapassar os limites de seus espaços, separou com um cetro, o *opaxorô*, o *orum* do *aiê*, interpondo uma massa de ar, *ofurufu*, entre eles.

As varas de atori são usadas ritualmente no ciclo de Obatalá por suas sacerdotisas manifestadas, e servem para surrar simbolicamente os seus filhos, batendo-lhes levemente.

Após esse ritual, inicia-se a divisão das comidas, destacando-se as bolas de inhame, que são trazidas dentro de um pilão ao ilê nla, barracão, onde se processam as obrigações públicas de comunidade.

O inhame novo caracteriza um aspecto da relação do Orixá Nla com Oxaguiã, orixá que proporciona ação e movimento aos poderes masculinos da criação e da renovação do universo.

O terceiro domingo é conhecido também como *Ojo Odo*, dia do pilão, e caracteriza o ciclo de renovação da existência.

Oxalá é um orixá muito temido e respeitado por seus imensos poderes que advêm do fato de reger os princípios mais arcaicos da existência relacionados com o ar, existência genérica, ancestralidade e morte representados pela cor branca.

Somente a pena de ecodidê, o papagaio de cor vermelha relacionado aos poderes de Oxum, princípio genitor feminino, é aceita entre os elementos-símbolo utilizados nos paramentos do culto a Obatalá, o que demonstra a homenagem prestada pelo orixá – que é princípio genitor masculino por excelência – aos princípios genitores femininos, afirmando deste modo o conceito da complementação, característico do processo contínuo de renovação da vida presente, na visão de mundo nagô.

Este mesmo conceito se reproduz de certa forma no uso na mão esquerda do *abebe*, emblema que faz parte de seus paramentos, e que é também característico das Iá Agba, as mães ancestrais.

Na mão direita – lado direito, representação dos princípios masculinos – é usado por suas sacerdotisas manifestadas e paramentadas o *opaxorô*, cetro ritual, de 1,60m de altura, feito em metal branco, possuindo uma forma cilíndrica, composto de três plataformas esféricas de cujas bordas pendem símbolos de fertilidade e progênie. No alto do cetro destaca-se a coroa com o passarinho na ponta, sinal de realeza e progenitura.

A música e a dança ritual de Oxalá em geral são austeras, como seu toque característico, o *igbin*. Os gestos macios e graves se apóiam no opaxorô.

Durante a 2ª Conferência Mundial da Tradição dos Orixás e Cultura, os baianos tiveram a ocasião de presenciar a vinda do rei de Ejibô, cidade em que Oxaguiã é orixá patrono. A visita do *Obá Oyeyode Oyesosin* foi, sem dúvida, um momento marcante na continuidade transatlântica dos valores da tradição dos orixás nas Américas.

"TRADIÇÃO DOS ORIXÁS E CULTURA"

Depois dos êxitos alcançados pela 1ª Conferência Mundial da Tradição dos Orixás e Cultura, realizada em Ilê Ifé, Nigéria, em 1981, e pela 2ª Conferência realizada em Salvador, em 1983, desta vez Nova Iorque foi a cidade escolhida para abrigar a 3ª Conferência, programada para o período de 3 a 10 de outubro de 1986.

Toda essa movimentação e essa mobilização expressam relações diretas de intercâmbio internacional, povo a povo, de forma sem precedentes na história afro-americana, mas que teve seus antecedentes, especificamente no Brasil, numa série de embaixadas pioneiras, da qual a Conferência é hoje um de seus desdobramentos.

Foi por volta da primeira metade do século passado que ocorreu a viagem, à África, da Ialorixá Oba Tossi, Sra. Marcelina da Silva, pertencente à tradicional família Asipá. Nesta ocasião, ela e sua filha Magdalena acompanhavam a Iá Nassô, que, segundo alguns, era sua mãe de sangue e/ou de iniciação. Elas permaneceram durante sete anos em Ketu, ocasião em que Magdalena teve duas crianças. Quando de sua volta, estava grávida de uma terceira. Em seu retorno ao Brasil, o grupo voltou acrescido não só dessas crianças mas também de um alto sacerdote, conhecido e homenageado no Brasil e na África, *Bamboxê Obitiko*, Sr. Rodolfo Martins de Andrade.[1]

Oba Tossi foi a primeira Ialorixá do Ilê Iá Nassô, a Casa Branca; ela e Bamboxê foram os responsáveis pela iniciação sacerdotal

---

[1] Cf. VERGER, Pierre Fatumbi. *Orixás*. Salvador: Currupio, Faceba, 1981.

de Oba Biyi, Sra. Eugênia Ana dos Santos, que posteriormente seria a fundadora e primeira Ialorixá do Ilê Axé Opô Afonjá.

Outra viagem ocorrida nesta época e de grande significado para nossa tradição foi a de Marcos, o Velho, acompanhado de seu filho Marcos, ambos sacerdotes do culto dos ancestrais nagô, os egunguns. Em seu regresso da África eles trouxeram o "assento" do Egum Olukotun; Olori Egum, o mais antigo ancestral, pai de todo o povo nagô. Logo após a sua chegada, fundaram o terreiro Ilê Olukotun, no povoado de Tuntun, na ilha de Itaparica. O filho de Marcos, o Velho, Sr. Marcos Teodoro Pimentel, chefiou o terreiro e possuía o título de Alapini, sumo sacerdote do culto aos egunguns.

Por volta de 1879, ocorreu a viagem do Sr. Martiniano Eliseu do Bonfim, Ajimuda, que possuía o título de *Ojeladê* no culto aos egunguns. Depois de ter tido ocasião para aprofundar seus conhecimentos e sua iniciação sacerdotal na África, ele regressou à Bahia em 1886. Martiniano teve muita projeção no âmbito da tradição dos orixás e concorreu, ao lado da Ialorixá Obá Biyi, para a constituição do corpo dos *Obá*, em 1935, no Ilê Axé Opo Afonjá.

Após o falecimento de Mãe Aninha, Ialorixá Obá Biyi, sucedeu-lhe *Oxum Muiwa*, Sra. Maria Bibiano do Espírito Santo, que por sua vez era filha de Claudiana, neta de Magdalena, bisneta de Marcelina e trineta da Iá Nassô.

No decorrer de sua gestão, Mãe Senhora, como era conhecida, manteve importantes e significativos contatos com altos sacerdotes e reis africanos. Em agosto de 1952 chegava da África o *Oju Obá*, Sr. Pierre Verger, e conforme narra Deoscóredes M. dos Santos, em seu livro *Axé Opô Afonjá*, ele trazia nesta ocasião um *Edun Ara Xangô*, e um Xeré que lhe foi entregue na Nigéria por *Ona Moba* por ordem do Oba Adeniran Adeymi II, Alafin Oyo, para entregar a Maria Bibiana do Espírito Santo, com uma carta dando-lhe o título de Iá Nassô Oyó Akalamabo Olodumaré Axé Da Ade Ta, que foi confirmado no barracão do Axé Opô Afonjá, no dia 9 de agosto de 1953, com a presença de todos os filhos da casa, comissões de vários terreiros, intelectuais, amigos da seita, escritores, jornalistas etc. Este fato marca o reinício das antigas relações religiosas entre a África e a Bahia, confirmadas e ampliadas posteriormente, mantendo Mãe

O Alapini, Sr. Deoscóredes M. dos Santos, durante seu pronunciamento na sessão de abertura da I Conferência Mundial da Tradição dos Orixás e Cultura de Ilê Ifé, 1981.
Foto de M. Kalisch

Senhora um permanente intercâmbio de presentes e mensagens, com reis e personalidades da seita na África.[2]

O próprio autor desse relato, Deoscóredes Maximiliano dos Santos, mais conhecido por Mestre Didi Axipá, por meio de inúmeras viagens à África, bem como a outros continentes, sempre acompanhado de sua esposa, Juana Elbein dos Santos, deu continuidade e ampliou a política das embaixadas pioneiras.

Filho de Mãe Senhora, a Ialorixá Iá Nassô ele foi aos 8 anos iniciado no culto de egum pelo Alapini Marcos Teodoro Pimentel e completou a iniciação com o sobrinho deste, o Sr. Arsênio Ferreira dos Santos, Alagba. Hoje em dia, Mestre Didi é o Alapini, sumo-sacerdote do culto dos egunguns. Desde o tempo de Mãe Aninha, ele com apenas 15 anos, é também o Assogba, supremo sacerdote do culto do orixá Obaluaiê.

Em 1967, Mestre Didi teve a feliz ocasião de restabelecer o elo com seus parentes da tradicional família Axipá, uma das sete famílias fundadoras do reino de Ketu. Posteriormente, em outra viagem, confirmou em Oyó o título de Balé Xangô recebido no Brasil. Há alguns anos enfim recebeu do rei de Ketu o título de Babá Mogba Oni Xangô, um dos mais altos postos sacerdotais do culto ao Orixá Xangô. Além dessas relações envolvendo a continuidade transatlântica da tradição religiosa africana, Mestre Didi organizou exposições de arte sacra negra e de suas recriações estéticas, por diversos países da África, Europa e América. Participou de inúmeros colóquios internacionais que culminaram na sua participação no Comitê Internacional da Conferência Mundial da Tradição dos Orixás e Cultura.

São esses alguns dos antecedentes que caracterizam, de uma maneira geral, o significado e a expressão dessas conferências. Na ocasião de sua realização na Bahia, a famosa reunião proporcionou um reencontro histórico. Os jornais na época registraram que a comitiva da Conferência foi recebida no Ilê Iá Omi Axé Iamasse por Mãe Menininha, transbordando de emoção e exclamando: "Hoje, para mim, é um dia muito especial, e a satisfação que eu estou sentindo não cabe dentro de mim."

---

[2] Cf. SANTOS, Deoscóredes M. *História de um terreiro*. São Paulo: Max Limonad, 1989.

UMBANDA: UMA RELIGIÃO NEGRO-BRASILEIRA

Umbanda é o nome de uma das religiões negras existentes no Brasil. Como toda religião negra, a Umbanda se caracteriza, por um lado, pelo culto às forças cósmicas que regem o universo, as forças da natureza, e, por outro, pelo culto aos ancestrais africanos e ancestrais familiares que durante sua passagem nessa vida se distinguiram pela sua sabedoria e pela dedicação e esforço em expandir a plenitude da existência.

A liturgia da Umbanda objetiva religar o mundo invisível das forças espirituais que atuam no universo com nosso mundo concreto, visível e individualizado, abrangendo tanto os aspectos da vida natural quanto social.

O equilíbrio da existência se caracteriza pela atuação de fluxo de força mística, expresso pelo conceito de *muntu* para os povos bantu. Esse equilíbrio da existência exprime o ritmo do universo, o ciclo vital que se realiza pela sucessão de mortes e nascimentos.

Existem, portanto, aspectos de forças capazes de proporcionar a vida nesse mundo, assim como também aqueles capazes de propiciar a morte. Todo ser vivente já traz em seu destino, desde que nasce, a sua morte.

A Umbanda, assim como toda religião negra, se preocupa em controlar dentro de certos limites as forças invisíveis atuantes no universo, de modo a permitir uma vida plena de seus fiéis, isto é, proporcionar o desenvolvimento pleno dos destinos individuais e da comunidade.

Os rituais umbandistas têm por finalidade, portanto, manter afastados dos fiéis e da comunidade os aspectos de forças invisíveis que regem fenômenos como as doenças, as perturbações, a infelicidade, a miséria e a fome etc. etc., e manter atuantes em benefício da comunidade os aspectos das forças que regem a saúde, a paz, a felicidade, o bem-estar, a prosperidade etc. etc.

ORIGENS

A origem da Umbanda está relacionada às religiões dos povos constituintes do antigo império do Congo, conhecidos no Brasil por bantu que significa, na língua Quibundo, humanidade. Os bantu tinham todos a mesma idéia de ser supremo, conceito que exprime infinitude de existência. Essa concepção de ser supremo continuou com o mesmo nome originário da África no Brasil, é Nzambi Mpungo ou Zambi Apongo ou simplesmente Zambi.

No Brasil, parece que a Umbanda nasce de um desdobramento da antiga *Cabula*, religião que cultuava os ancestrais, e se expandiu no fim do século passado, após a abolição da escravatura.

O culto ao espírito dos *Tata*, dos sacerdotes falecidos, passa a ser conhecido popularmente como Pretos-velhos.

Os Pretos-velhos são portanto os espíritos dos falecidos africanos fundadores da nação, assim como os daqueles que enfrentaram a emigração forçada do tráfico escravista e a escravidão, falecendo em solo brasileiro, bem como ainda os espíritos de seus descendentes crioulos, os negro-brasileiros.

Em meio ao contexto histórico colonial-mercantil-escravista se constituíram os quilombos, que se caracterizavam como áreas libertadas resultantes da luta do negro, onde se constituíram comunidades, estados e mesmo reinos africanos como o do Palmares no Brasil, e foi onde se implantaram e se expandiram os valores civilizatórios de origem.

Desta luta de libertação, participaram africanos de diversas origens, além dos crioulos, negros ou mesmo brancos e índios.

A necessidade de implantar formas novas de coesão social, a partir da própria tradição negro-africana, proporcionou um terreno fértil para que houvesse empréstimos e sincretismo entre diversos segmentos religiosos.

Ao mesmo tempo que os quilombos se espalhavam pelo Brasil afora, nos centros urbanos nascentes, os negros lutavam por obter a liberdade pela compra de cartas de alforria. Numa ocasião em que o catolicismo era a religião oficial do Estado colonial, e que não se permitia a liberdade de culto, isto é, a existência de outras religiões, só restou ao negro a alternativa, nesses contextos, de africanizar o cristianismo por meio das irmandades leigas de "homens de cor".

As irmandades propiciaram a coesão social necessária para que se formassem correntes de libertação por intermédio da compra das cartas de alforria.

Ao mesmo tempo o binômio devoção-sacramento, característico das normas do Concílio de Trento, é substituído pelo binômio devoção-promessa, constante do pagamento de oferendas aos santos africanizados como ancestrais que as recebem na medida em que atendem aos pedidos dos fiéis. Nos espaços exteriores das irmandades de São Benedito, Santa Ifigênia, Nossa Senhora do Rosário etc. etc., acontecem dramatizações que remetem à visão de mundo e aos episódios históricos da saga negro-africana. São as Congadas, os Moçambiques, os Maracatus, os Ticumbis, as Taieiras, as festas do Divino, as Companhias de Reis, as procissões etc., que marcam a identidade do catolicismo do povo brasileiro.

Após a abolição da escravatura, o desenvolvimento e a expansão das religiões negras proporcionaram novos intercâmbios entre diversas comunidades-terreiros que procuravam aprofundar sua pertinência ao *continuum* civilizatório africano.

A Umbanda foi a religião negra que mais absorveu elementos constituintes das demais religiões negras, especialmente do culto aos orixás de origem nagô ou ioruba, embora não se possam minimizar os empréstimos de caráter jeje ou fon.

Embora a Umbanda tenha se enriquecido com o empréstimo da cosmogonia da tradição do culto aos orixás, todavia, como veremos, há grande diversidade na prática litúrgica relacionada a esses aspectos, entre a Umbanda e os terreiros nagô.

EXU

Um dos orixás mais importantes para a dinâmica ritual umbandista, tomando de empréstimo a religião nagô, é Exu.

No sistema cosmogônico nagô, ele está relacionado à força que garante o movimento, que permite a ação e a circulação. Exu é um dos orixás de maior complexidade. Todos os seres existentes no universo, seja nesse mundo ou no além, têm o seu Exu, sem o qual não se movimentaria, e nada se desencadearia, nenhuma ação seria concretizada.

Ele é o orixá que promove a existência e o ciclo dos renascimentos. Patrono da relação sexual, ele está associado à placenta que permite o desenvolvimento e alimentação do feto. Responsável pela circulação do interior do corpo, pela ação de inspirar e respirar, pela sucção, pela ingestão de alimentos e pela fala, pela propagação do som, é o patrono da comunicação. É também o responsável por abrir e fechar os caminhos, e acompanha o orixá *Icú*, Morte, em sua ação de equilibrar o mundo restituindo os seres à terra para que nasçam os novos seres que habitarão esse mundo. Ele é o transportador de oferendas, responsável pela circulação de axé, força vital, composta das diferentes qualidades que caracterizam cada orixá.

No culto nagô ele é sempre o primeiro a ser saudado, e recebe parte das oferendas de qualquer que seja o ritual para orixá ou para egum, ou para Ifá, o oráculo.

No padê, cerimônia propiciatória que antecede ao *xirê*, festival de orixás, ele é invocado para ser homenageado e receber suas oferendas, e assim permitir o êxito das cerimônias.

Embora Exu seja um orixá homenageado e cultuado em praticamente todos os ritos da liturgia nagô, inclusive considerado protetor e sentinela da comunidade, tendo assentamento na porteira, no Brasil, devido à perseguição catequista cristã da sociedade europocêntrica e oficial, não se iniciam, de uma maneira geral, sacerdotes que possam manifestá-lo ritualmente, como ocorre com os demais orixás.

Os padres católicos e pastores protestantes procuraram congelar o sistema nagô, combatendo Exu, associando-o ao demônio. Assim é que a tradição africana, para contornar essa campanha repressiva, inicia então seus sacerdotes no culto a Ogum, considerado seu irmão na linguagem do terreiro. Seu culto continua com toda ordem de preceitos, apenas, de um modo geral, não há manifestação dele em seus filhos, que são "feitos" para Ogum.

Na Umbanda, porém, é onde se destacam as manifestações de Exu. Ele possui as mesmas características simbólicas e de significados da visão de mundo nagô, de onde se origina. Ele é o transportador de oferendas, é o senhor dos caminhos que proporciona o fluxo dos destinos em seu ciclo de vida e morte, renascimentos, manifestado faz as vezes de oráculo, revela os destinos etc.

Aqui ele se manifesta nas *giras de Exu*. E é onde começam a se apresentar certas diferenças rituais consideráveis entre o culto nagô e a Umbanda.

As giras da Umbanda para Exu, de um modo geral, só acontecem depois da meia-noite.

Após realizados os preceitos propiciatórios necessários, com a presença das sacerdotisas e sacerdotes, chamados aqui de médium, e dos seus auxiliares, os cambonos, e da Ialorixá, da mãe pequena, e dos ogãs como são aqui denominados também os componentes da orquestra ritual, com uma assistência concorrida de fiéis, fecha-se a cortina do *gongá*, altar onde estão representados diversas entidades, os atabaques tocam e ouvem-se todos cantarem a cantiga:

> *O sino da igrejinha fez belém blem blom – bis*
> *Deu meia-noite o galo já cantou*
> *Seu Tranca Rua que é o dono da Gira*
> *Dono da Gira que Ogum mandou.*

Ou ainda:

> *Ele pisa num toco*
> *Ele pisa num galho*
> *Exu balança*
> *Exu não cai. O Ganga*
> *É Exu, ele pisa num toco num galho só.*

Os atabaques tocam, os iniciados manifestam o seu Exu. Eles são homenageados com cânticos, bebida, fumo, e outros presentes, como flores para Pomba-Gira, de Bombojira, nome de Exu nos candomblés Congo.

Os fiéis se aproximam para fazer consultas e pedidos a Exu. Atendidos seus pedidos, eles farão oferendas de agradecimento à entidade. Em geral é nas encruzilhadas que Exu recebe seus presentes.

Os padres missionários perceberam que Exu é a entidade que movimenta o sistema religioso e cosmogônico negro. Procuraram associá-lo ao demônio e combater o seu culto. Tanto mais que Exu, sendo um orixá-filho, terceiro elemento resultante da interação de princípios é responsável pela motivação da relação sexual. Na África e também no Brasil é representado por emblemas fálicos. Porém de nada adiantou essa investida, pois o negro lia o catolicismo como uma obra aberta, e conotou o demônio como o Exu dos brancos. Seu culto continuou, pois nada se pode conseguir e fazer no mundo sem a atuação de Exu.

OS PRETOS-VELHOS

Já vimos que os Pretos-velhos são os espíritos ancestrais de origem bantu cultuados na Umbanda. Os nomes com que são invocados e cultuados indicam a antiguidade e a sua procedência: Vovó Maria Conga, Pai Joaquim de Angola, Vovó Cabinda, Pai Benedito de Guiné, Pai Juvêncio do Congo, Rei Congo, Pai Benguela etc.

Feitos os preceitos necessários, as cantigas ao som dos atabaques homenageiam os espíritos ancestrais chamando-os para manifestarem-se em seus filhos, isto é, seus sacerdotes:

> *Pai Joaquim e e*
> *Pai Joaquim e a*
> *Pai Joaquim é rei de Angola*
> *Pai Joaquim é rei de Angola, Angolá*
> *Maria Conga é quem vence demanda...*

As cantigas se referem às qualificações de poder político, realeza, ou poder religioso sacerdotal.

Muito procurados pelos fiéis que buscam proteção, os Pretos-velhos são espíritos bastante cultuados na Umbanda.

AS CRIANÇAS

É um culto que condensa duas ordens de entidades do panteão dos orixás-nagôs. Os *erês* que acompanham a manifestação dos orixás nas sacerdotisas, as *iaôs*, e os *ibejis*, que são orixás ligados ao princípio de fertilidade feminina representado por dois gêmeos, Tayó e Kehindê e o nascido da próxima gestação Doú. Ibeji significa abi + eji, nascido dois.

Na Bahia, e daí irradiando-se para os outros estados do Brasil, no dia 27 de setembro, aquelas pessoas que recorreram à proteção dos Ibeji, em geral para obterem fertilidade, têm a "obrigação" de fazer o "caruru dos meninos". Nessa ocasião são feitas oferendas aos Ibeji e reúnem-se as crianças da comunidade para comerem o "caruru". Uma comida bastante apreciada feita com diversos condimentos. Conforme os meninos vão comendo numa bacia ou gamela, canta-se em homenagem aos ibejis.

Essa tradição tornou-se uma instituição nacional. Onde a tradição nagô não penetra com toda a sua pujança são distribuídas às crianças balas e guloseimas pelos devotos de São Cosme, Damião e Doú, os dois primeiros, santos católicos assimilados aos gêmeos africanos.

Na Umbanda existe a gira das crianças, quando os espíritos das crianças são invocados e cultuados para protegerem os fiéis e permitir a expansão das famílias da comunidade.

Convém observarmos ainda que, nas sociedades africanas, a expansão da família extensiva constitui um dos maiores valores da ordem social. Daí a popularidade dos cultos aos princípios da fertilidade.

OS CABOCLOS

O culto aos caboclos é dedicado ao espírito dos ancestrais que estavam na terra brasileira antes do negro aqui chegar, são os donos da terra. Como tais eles são cultuados, isto é, na forma africana de homenagear os ancestrais que ocuparam primeiramente um determinado território.

Derivado dos candomblés de caboclo, na Umbanda eles têm a sua gira, *a gira de caboclo*.

Da mesma forma que as demais entidades, depois de realizados os preceitos necessários cantam-se suas cantigas para que venham manifestar-se nos fiéis e receber as homenagens dos presentes e darem passes e consultas.

Os passes são práticas curativas com a finalidade de afastar o sofrimento e a doença. Atendem também àqueles que recorrem a seus poderes na forma de consultas.

Os atabaques tocam e os fiéis cantam:

> *Quem chegou nesse Gongá – bis*
> *Saravando seus irmãos*
> *Nas matas da Jurema*
> *Ele é um capitão*
> *Ele é capitão*
> *Ele é capitão*
> *Nas matas da Jurema*
> *Ele é um capitão.*

As cantigas fazem referência às qualidades do caboclo, dizendo que na mata, onde floresce a erva mágica da Jurema, ele é o chefe, capitão.

OS ORIXÁS

Além de Exu, a Umbanda toma de empréstimo à religião nagô várias entidades do seu panteão que representam as forças cósmicas que regem o universo. São elas os orixás: Oxalá, Nanã, Iemanjá, Oxum, Obaluaiê, Oxumarê, Ogum, Oxóssi, Xangô, Iansã etc.

Esses orixás na Umbanda não têm os mesmos preceitos nem as mesmas formas de iniciação que no seu culto originário da religião nagô.

Sua presença é mais de ordem simbólica, representados no gongá, do que ao nível litúrgico ritual. Sua presença ao nível da liturgia se dá na medida em que os espíritos ancestrais os consideram como forças regentes de sua corrente ou falange e, em suas cantigas, pedem licença para virem a esse mundo ou vêm a esse mundo sob as suas ordens:

> *Oxalá mandou*
> *Ele mandou buscar*
> *Os caboclos da Jurema*

Lá no Juremá
Pai Oxalá
É rei do mundo inteiro
Já deu ordem pra Jurema
Mandar seus capangueiros
Mandai, Mandai
Minha cabocla Jurema
Os seus guerreiros
Essa é a ordem suprema
Oxalá mandou

Maria Conga ela vem da Bahia
Perguntou onde é seu Gongá
Vim aqui pra trabalhar
Com licença de Pai Oxalá
Vim aqui pra trabalhar
Com licença de Ogum Beira-Mar

Ele já vem
Ele já vai chegar
Na fé de Oxalá
Ele vem trabalhar
Já chegou seu Sete Matas
Com seu arco e sua flecha
Com licença de Oxalá.

Na Umbanda em geral não existem sacerdotes preparados para realizar os preceitos necessários para assentar nem para iniciar pessoas no culto aos orixás. Assim, em geral eles são apenas homenageados na cantiga e nas imagens dos santos católicos, referendados no gongá.

Embora os umbandistas distingam claramente a diferença entre o significado de um orixá, como uma força cósmica atuante no universo e o santo católico, que foi um ser vivente, as imagens desses santos, que existiam em qualquer terreiro antigamente, ainda pertencem ao gongá, ou altar, na Umbanda.

Essa presença dos santos católicos no altar é resultante da maneira como o negro brasileiro e das Américas, e até mesmo na África, encontrou para contornar a imposição catequética da ordem colonialista. Colocando bem à vista a imagem dos santos, eles podiam, por detrás da cena, cultuar suas próprias entidades.

Não foi porém de modo arbitrário que o negro estabeleceu associações entre os santos católicos e os orixás. Percebendo o catolicismo a partir de suas próprias referências, ele assimilou-o à simbologia do culto aos orixás: a imagem de São Jerônimo representa um legislador ou juiz assentado numa pedra com um leão ao lado. Essa imagem, então, ficou associada a Xangô, orixá do equilíbrio político, da organização social, rei legislador e juiz. As pedras de raio estão relacionadas ao culto de Xangô, seu assentamento é ocupado por pedras. O leão é símbolo da realeza. Dessas relações nasce a associação. São Jerônimo equivale ao Xangô dos brancos. Nossa Senhora da Conceição, a mãe de Cristo, é representada pela imagem de Nossa Senhora vestida nas cores amarelo-azul, tendo sob os pés a terra esférica de onde se despregam cabeças de crianças-anjos. Esta imagem é assimilada aos significados de Oxum, orixá cujas cores são amarelo-azul, princípio de feminilidade e maternidade, que está associado ao mistério da gestação da terra; Oxum é o orixá patrono dos nascituros, e assim por diante.

Além de realizar associações, promovendo o reforço de seu próprio sistema simbólico enquanto escapava à repressão catequética colonialista, o negro, dessa forma, ocupou os espaços dos feriados católicos. Na Bahia, por exemplo, durante a procissão de Nossa Senhora da Conceição, saíam antigamente às ruas, os Gelede, representações dramático-rituais da sociedade secreta feminina africana de origem nagô.

OGUM

Conforme vimos afirmando, não há iniciação nem manifestação dos orixás na Umbanda. Apenas eles são homenageados nas cantigas ou recebem oferendas. É o caso, por exemplo, da maior festa anual da Umbanda, dedicada a Iemanjá, no dia 1º de janeiro, quando milhares de terreiros realizam seus festivais nas praias, para levar oferendas ao orixá patrono da maternidade e das águas. Nesta ocasião, são os espíritos dos pretos-velhos e dos caboclos que são invocados para participar da cerimônia em homenagem ao orixá, força que rege as águas e protege os pescadores.

Duas exceções porém confirmam essa regra. São os orixás Exu, que já nos referimos, e Ogum, patrono da metalurgia e da guerra, o desbravador que abre os caminhos. Todavia, não existe gira de Ogum, apenas ele pode ser homenageado em certas ocasiões especiais, como no dia consagrado a São Jorge, no Rio de Janeiro. São Jorge é associado a ele porque sua imagem é de um soldado vestido de metal, exprimindo idéia de ferreiro, guerreiro e caçador.

Uma das cantigas de Ogum na Umbanda é:

> *Se meu pai é Ogum*
> *Vencedor de demanda*
> *Quando vem neste reino*
> *É pra saudar filhos de Umbanda*
> *Ogum, Ogum Iara*
> *Ogum, Ogum Meje*
> *Salve os campos de batalha*
> *Salve a sereia do mar*
> *Ogum Iara*
> *Ogum Meje.*

QUIMBANDA

A concepção Bantu da existência abriga a idéia de que por toda parte reside uma força útil ou nociva que os homens podem captar se eles conhecem os segredos.

Assim existe a nível institucional religioso aqueles que se dedicam a propiciar a situação de um ou outro aspecto, fechando o caminho ou abrindo o caminho aos espíritos malignos. Existem os praticantes da cura, conhecedores dos preceitos capazes de fortalecer o destino e aqueles praticantes da arte de lançar ou provocar a má sorte.

Na Umbanda é atribuída aos sacerdotes da Quimbanda a capacidade de fechar os caminhos do destino de pessoas ou grupos e abri-los para atuação dos "espíritos malignos".

Convém ressaltar, como bem observou Juana Elbein dos Santos, que na cultura negra conceitos de bem ou mal são eminentemente contextuais e dinâmicos, não se caracterizando como categorias éticas prescritivas ou maniqueístas congeladas.

Na conjuntura histórica brasileira essas dimensões se circunscreviam no âmbito da luta de libertação do negro contra os agentes da escravidão.

Por outro lado nota-se que os terreiros que mais se distanciam dos modelos e da linguagem do catolicismo e do kardecismo, e se caracterizam pelo *continuum* civilizatório africano, e portanto sofrem maior carga de opressão da sociedade oficial, são qualificados em geral de quimbandeiros, acusados de serem praticantes do "mal".

Não há dúvida que a classificação Umbanda e Quimbanda, no Brasil, está revestida pelo ritmo do processo de luta sociocultural enfrentada pelo negro na sua afirmação existencial.

Exu é entidade que pode abrir e fechar os caminhos dos destinos. Assim ele é, por excelência, o orixá mais cultuado na Umbanda-Quimbanda. Uma cantiga diz:

> *Exu que tem duas cabeças*
> *Oh ele olha sua banda com fé*
> *Oh uma é satanás do inferno*
> *A outra é de Jesus Nazaré.*

UMBANDA DE MORRO, UMBANDA DE ASFALTO

As montanhas que atravessam o Rio de Janeiro são locais habitados pelas comunidades negras. Esses bairros se tornaram conhecidos pelo nome de favela, que era o nome de um famoso bairro das comunidades das montanhas e que se generalizou.

Os habitantes desses bairros chamam-nos de morros. Assim temos o Morro dos Cabritos, Morro do Cantagalo, Morro do Pavão, Morro do Pavãozinho, Morro da Formiga, Morro da Serrinha, Morro do Salgueiro, Morro D. Marta, Morro Catacumba, Morro do Sossego, Morro da Mangueira, Morro da Rocinha, Morro Dois Irmãos, Morro da Coroa etc. etc.

Algumas favelas foram atacadas pelo governo Carlos Lacerda, e seus habitantes desalojados e instalados em bairros periféricos da cidade, dando lugar para que se realizasse uma corrida imobiliária, para construção de prédios de apartamentos. Assim, grandes bairros negros como Praia do Pinto, Catacumba, Macedo Sobrinho, Sossego, que ficavam na zona sul, foram atacados e seus habitantes dispersados pela zona norte. Na zona sul, o governo procurou criar uma cidade de moldes e valores europocêntricos, esvaziando a presença da tradição africana.

Contudo, cada vez mais aumentam as favelas no Rio de Janeiro, verdadeiros quilombos que abrigam os imigrantes do êxodo rural.

As tradições afro-brasileiras se enriquecem, malgrado a situação de dificuldade econômica, provocada pela política do abandono.

Mas a Umbanda não se expande apenas nos morros e nos bairros periféricos, também no asfalto, isto é, no centro urbano, cada vez mais, aparecem novos terreiros africanizando os antigos centros espíritas e provocando adesão da pequena burguesia, malgrado o preconceito racial e cultural que atravessa a sociedade brasileira, herança do período colonial-escravista atualizado na forma do neocolonialismo.

SINCRETISMO

A Umbanda, cada vez mais, se apóia na cosmogonia jejê-nagô, existindo já uma denominação de Umbandomblé, para caracterizar o sincretismo entre a Umbanda e o Candomblé, como são conhecidos no Brasil o culto aos orixás, voduns ou inquices.

Conforme a região de origem dos fundadores de um terreiro, ele pode se caracterizar com maiores influências de uma ou de outra daquelas religiões.

Na Bahia, por exemplo, existem terreiros umbandistas onde a presença do símbolo da serpente remete aos cultos de Oxumaré ou de Bessém, orixá nagô e vodum jejê, respectivamente.

A serpente, associada ao arco-íris, com suas variedades de cores, representa a multiplicidade dos destinos, a diferença e complementação dos seres em seu processo dinâmico, fluxo da existência, ciclo vital.

Sendo a Umbanda caracterizadamente um culto aos ancestrais, é natural que ela procure se aproximar de tais aspectos do panteão de entidades nagô. Oxumaré é considerado filho de Nanã, irmão de Obaluaiê. Essas três entidades representam o processo restituição da terra e renascimento: o mistério do interior da terra que recebe os mortos e processa os renascimentos, realizando o ciclo vital.

Desse modo, a Umbanda procura se reforçar com a utilização da cosmogonia de religiões irmãs, pertencentes ao mesmo processo civilizatório negro-africano no Brasil.

ODARA – EFICÁCIA E BELEZA

O NEGRO E O CARNAVAL

No fim do século passado, com a consolidação do imperialismo britânico e o desenvolvimento das relações sociais de produção capitalista, o Brasil passa por substanciais mudanças no Estado e na sociedade oficial, resultantes das alianças estabelecidas entre as frações de classe no bloco do poder e na burguesia externa.

O Brasil é fixado na divisão social do trabalho internacional como país produtor de matérias-primas capazes de abastecer as indústrias imperialistas. Porém, para explorar convenientemente suas riquezas na intensidade requerida pelo desenvolvimento das forças produtivas capitalistas, é preciso modernizar.

Modernizar significa implantar uma sólida infra-estrutura socioeconômica atrelada às necessidades do mercado imperialista. Para tanto o país recebe empréstimos em capital e tecnologia a fim de desenvolver-se...

Uma balança comercial desfavorável, fruto das cotações de seus produtos pelas metrópoles imperialistas, levará os sucessivos governos do Brasil a cada vez mais enfiar o pescoço no laço da dívida externa, que o manterá atrelado a nível de composição do Estado a uma participação cada vez maior dos interesses da burguesia externa nos destinos do país.

Dentro desse contexto capitalista-imperialista vicejam ideologias favoráveis à tentativa de dominação européia.

Uma delas, o racismo, inicialmente uma ideologia teórica elaborada pelo cônsul francês no Rio de Janeiro no ano de 1869, o conde de Gobineau, teve ampla repercussão e encontrou solo fértil à sua proliferação no âmbito colonial-imperialista. A idéia por ele esboçada, da superioridade da raça branca sobre os demais povos do mundo, caía como uma luva nas relações sociais de caráter neocolonial e se desenvolveu e desdobrou-se em diversas aplicações de ordem prático-ideológico-político-econômica. Dentre essas aplicações a de maior impacto foi sem dúvida a constituição dos estados nazi-fascistas e a chamada 2ª Guerra Mundial.

No Brasil suas idéias tiveram grande acolhida nos meios intelectuais em formação, concentrados nos primeiros institutos universitários como a Faculdade de Medicina da Bahia.

Nesse meio o médico Nina Rodrigues repetia como um eco as teorias de Gobineau e seus livros eram logo traduzidos na Europa, e todos daqui enchiam-se de vento achando que o continente mais uma vez se curvava ante o Brasil...

A política de embranquecimento, caracterizada inicialmente com a política de povoamento europeu do Brasil iniciada por D. João VI, desenvolvida por D. Pedro II, e ampliada durante a República se combinava com as ideologias iluministas e positivistas, interligando o conceito de evolução civilizatória, ao do desenvolvimento das forças produtivas capitalistas-imperialistas. Um novo *slogan* caracteriza o momento conjuntural: Ordem e Progresso.

A Igreja adapta-se a esse novo momento de composição do bloco do Estado neocolonial. Os bispos reformadores imprimem a política de romanização. Nesta política não há lugar para as irmandades leigas, dentre elas as irmandades negras. Congregações religiosas européias se instalam no país, 39 masculinas e 109 femininas, 75% dos colégios existentes no país são regidos por essas congregações. O catolicismo tradicional brasileiro, africanizado, é combatido como "deturpação". Há proibição dos autos populares de origem negra em torno à instituição católica – são perseguidos, dentre eles, a lavagem do Bonfim.

A política de embranquecimento e modernização do país tem como sintoma, que caracteriza o abismo entre o Estado e a nação, a guerra e o massacre de Canudos.

O abandono da população dos estados nordestinos e o deslocamento do eixo da economia para as regiões Sul e Sudeste, para onde se instalam os imigrantes europeus, caracterizarão os interesses do Estado.

O Rio de Janeiro sofrerá o impacto dessas mudanças na gestão de Pereira Passos, que as caracterizavam como "melhoramentos"... A propósito de uma política de saneamento inicia-se o "bota-abaixo" dos sobrados e casarões de habitação coletiva do centro da cidade, onde morava a maioria da população negra, que Heitor dos Prazeres qualificou de pequena África.

A Bahia, especificamente Salvador, que fora no período colonial um dos maiores portos do tráfico escravista internacional, e durante séculos uma tentativa de réplica da metrópole, se distinguia dessa, pelas características de sua população, em quase sua totalidade formada por descendentes de africanos.

A ocupação do mercado de trabalho que atendia ao setor de serviços da cidade, exercido pelos antigos escravos de ganho e libertos, possibilitará no período pós-abolição o deslocamento da antiga aplicação da economia para a compra de cartas de alforria, na restauração das famílias, instituições religiosas e entidades socioculturais que fortalecem e estruturam a identidade negro-brasileira.

A "Roma negra", como a definiu a saudosa mãe Aninha, Ialorixá Obá Biyí, exponencial sacerdotisa da religião negro-africana no Brasil.

Na segunda metade do século XIX desenvolveram-se as instituições da tradicional religião negro-africana na Bahia.

O desenvolvimento dessas instituições se desdobra na ocupação do espaço social característico da luta de afirmação sócio-existencial da população negra em Salvador.

A repressão ideológica e policial do Estado oficial neocolonial, europocêntrica e totalitária, obrigará a população a se valer de formas de linguagens e comportamentos compatíveis com o objetivo de continuidade dos valores civilizatórios negro-africanos e afirmação da identidade própria.

Será portanto ainda em meio às irmandades católicas de negros que se criarão nos espaços urbanos as condições de coesão grupal necessárias à fundação e ao desenvolvimento da religião negro-brasileira, integrante do processo de desenvolvimento do *continuum* civilizatório africano em nossa terra.

As missas e demais atos católicos se constituem em preâmbulos de festividade caracterizadamente africana, acompanhando as datas magnas do calendário gregoriano.

Com o aguçamento da repressão e das ações genocidas características da política de embranquecimento, muitas das formas de congregação e de ocupação espaço-temporal e social deverão sofrer transformações e deslocamentos, fazendo surgir novas linguagens características de luta de afirmação sócio-existencial da grande maioria da população.

Assim é que a concentração de formas de manifestação cultural irradiadas das comunidads terreiros e desdobradas nas "festas de largo" dos feriados católicos desembocará nos espaços do carnaval, quanto mais aumente a repressão da política de embranquecimento através das medidas de reforma e romanização da Igreja.

Para ilustrarmos essa situação, com um exemplo concreto, podemos citar o deslocamento do Maracatu, em Recife. Instituição interligada à coroação dos Reis Congo na Irmandade do Rosário, impedida de continuar nessa fundação pela repressão do clero modernizador, ele passa a ocupar o espaço do carnaval.

O carnaval no Brasil inicia-se com as formas do entrudo e do Zé Pereira. Na verdade, inicialmente, apenas um período do calendário social para as elites no poder de Estado relaxarem seus papéis sociais e entreter-se na tradição do "Bal Masqué" da nobreza feudal européia, só que com os ingredientes da grossura colonizadora portuguesa dos "conquistadores do Oriente".

A ocupação do espaço social do carnaval pela população negra lhe dará um *status* e significação cultural ímpar, realçando esta festa brasileira como um dos mais abrangentes eventos culturais do mundo.

A ocupação do carnaval pelo negro se faz pela ordem de valores de sua riquíssima tradição civilizatória e cultural.

Os ranchos e reis pertencentes ao ciclo das congadas, as procissões religiosas que ocuparam o ciclo dos feriados católicos proporcionaram o surgimento de novas instituições negro-brasileiras em meio ao processo de afirmação sócio-existencial negra.

Surgem os ranchos de carnaval, os blocos, os afoxés, as escolas de samba oriundas dos terreiros, irradiados nos contextos das relações de trabalho, sobretudo o da estiva, e enchem o carnaval que passa a ser caracterizadamente um dos mais significativos momentos de mobilização cultural do povo brasileiro, o carnaval, uma festa negro-brasileira...

A sociedade oficial procura mais uma vez impor a política de enbranquecimento.

A polícia e a imprensa tentariam conter o ímpeto avassalador da pujante afirmação da população negra, mas em vão...

A 15 de fevereiro de 1901, no limiar do século XX, nos primórdios da República escrevia o *Jornal de Notícias* da Bahia:

> *Começaram, infelizmente, desde ontem a se exibir em algazarra infernal, sem espírito nem gosto, os célebres grupos africanos de canzás e búzios, que, longe de contribuir para o brilhantismo das festas carnavalescas, deprimem o nome da Bahia, com esses espetáculos incômodos e sem saborões. Apesar de, nesse sentido, já se haver reclamado da polícia providências, é bom, ainda uma vez, lembrarmos que não seria má a proibição desses 'candomblés' nas festas carnavalescas.*

Em 1903 o mesmo jornal continuava sua cantilena:

> *O carnaval deste ano, não obstante o pedido patriótico e civilizador, que fez o mesmo, foi ainda a exibição pública do 'candomblé', salvo raríssimas exceções... Se alguém de fora julgar a Bahia pelo seu carnaval, não pode deixar de colocá-la a par da África e note-se, para nossa vergonha, que aqui se acha hospedada uma comissão de sábios austríacos que, naturalmente, de pena engatilhada vai registrando esses fatos para divulgar nos jornais da culta Europa, em suas impressões de viagem.*[1]

---

1. Cf. RODRIGUES, Nina. *Os africanos no Brasil*. São Paulo: Nacional, 1935.

A política de embranquecimento, característica do espírito modernizador genocida, criava uma identidade neocolonial, e inculcava o complexo de inferioridade em diversos segmentos sociais integrantes dos aparelhos de Estado. Combatendo o fracionamento da identidade neocolonialista por meio de sua afirmação de valores próprios o afoxé saía pelas ruas arrastando multidões.

Em 1935, integrantes da Troça Carnavalesca Pae Burokô cantavam:

Burokô vai ao Bonfim (bis)

Cende vela pra Oxalá

Pra esse vida miorá

Burokô vai ao palácio

Fala com governador

Pra esse vida miorô

O MACACO É OUTRO

Era o ano de 1910. Na Baía de Guanabara o som do maxixe, executado pela banda marcial, se espalhava desde o convés do famoso recém-adquirido encouraçado *Minas Gerais*, com seus canhões apontados para o coração do governo. A marujada da esquadra, sob o comando do famoso "Almirante Negro", marinheiro João Cândido, aguardava a resposta do palácio do Catete ao seu ultimato que exigia o fim do castigo da chibata na Marinha e a imediata anistia aos marujos insurgentes. No Senado, Ruy Barbosa lutava pela anistia aos marujos enfrentando com sua afamada oratória a insinuante intransigência do todo-poderoso caudilho gaúcho Pinheiro Machado, afirmando que:

> "... a escravidão começa por desmoralizar e aviltar o senhor, antes de desmoralizar e aviltar o escravo...".[1]

Ruy Barbosa, por sinal, seria o admirador do conjunto Oito Batutas, formado por Pixinguinha, Alfredo da Rocha Viana Filho. O famoso conjunto era composto de músicos negros formados na ambiência das casas das tias baianas que integravam, o que Heitor dos Prazeres denominou a Pequena África do Rio de Janeiro. O maxixe, o samba, a batucada, o choro etc. eram ritmos e gêneros musicais envolventes que emergiam dessa localidade, que era constituída no centro da cidade, Saúde, Pedra do Sal, até a Cidade Nova, onde estava a famosa Praça Onze de Junho.

O cais do porto promovia a concentração habitacional na região. Na estiva, a grande maioria dos trabalhadores era negra e

---

1. Cf. MOREL, Edmar. *A revolta da chibata*. Rio de Janeiro: Graal, 1983.

aí sobressaía a Companhia dos Pretos, depois chamada de Resistência dos Trabalhadores em Trapiches de Café, a famosa Resistência.

A concentração habitacional aumentou quando os retirantes da Guerra de Canudos reproduziram o povoamento do Morro da Favela nos sertões da Bahia, no centro do Rio de Janeiro. Surgia o Morro da Favela, carioca...

Na pequena África sobressaía, dentre outras, a comunidade Terreiro de João Alaba, na rua Barão de São Félix, ponto de convergência negro-baiana. O Terreiro de João Alaba, segundo alguns contam, teve seu axé implantado por Bamboche, Tio Rodolfo Martins de Andrade, que viera da África acompanhando a famosa Ialorixá Axipá, Obá Tossi, Marcelina da Silva, quando de seu retorno à Bahia depois de longa permanência no continente negro.

Contam também, que foi Bamboche responsável pela iniciação de Hilária Batista de Almeida, a famosa Tia Ciata.

As relações entre a Bahia e o Rio de Janeiro eram constantes na Pequena África, pois os integrantes da colônia baiana viajavam freqüentemente para fazer as obrigações aos seus orixás.

Contavam que João Alaba visitava com certa freqüência o Ilê Axé Opô Afonjá. Mãe Aninha, por outro lado, passou cerca de seis anos no Rio de Janeiro, onde deixou o axé necessário à implantação do Ilê Axé Opô Afonjá de Coelho da Rocha, hoje dirigido por Mãe Cantulina, neta de Obá Sãiya, Tio Joaquim Vieira, um dos maiores conhecedores da tradicional religião africana na Bahia, em sua época, e amigo inseparável de Bamboche.

Mãe Aninha morou na Pedra do Sal, um dos centros de radiação da cultura negro-baiana que marcou sobremodo a identidade social do estado do Rio de Janeiro. A colônia baiana era formada por tios e tias, dentre os quais destacamos Amélia Silvana dos Santos, a mãe de Donga, o Ernesto dos Santos, Perciliana Maria Constança, mãe de João da Baiana, Tia Sadata da Pedra de Sal, que foi uma das fundadoras do Rancho Carnavalesco Rei de Ouro, juntamente com Hilário Jovino, Tia Gracinha que foi mulher de Assumano Mina do Brasil etc. etc.

Hilária foi Iá Quequere, Mãe Pequena, na comunidade Terreiro de João Alaba. Filha de Oxum, promovia em sua casa famosas reuniões de música que congregavam os bambas da época. O baile na frente, o pagode no fundo do quintal. O samba, o samba raiado, com mote e partido alto, o samba corrido, riscado nos pés, o samba de roda, enfim, era perseguido pela polícia. As casas das baianas que promoviam essas reuniões pediam licença à polícia para fazer um baile, um chá dançante...

Em depoimento no livro *Samba o dono do corpo*, de Muniz Sodré, Donga assim se refere:

> *"Os delegados da época, belenguins que compravam patentes da guarda nacional, faziam questão de acabar com o que chamavam 'os folguedos da malta'. As perseguições não tinham quartel. Os sambistas, cercados em suas próprias residências pela polícia, eram levados para o distrito e tinham seus violões confiscados. Na festa da Penha, os pandeiros eram arrebatados pelos policiais."*

Na festa da Penha, que tinha a missa como um preâmbulo para a congregação da comunidade negra, estava sempre presente Tia Ciata com sua esmerada e apreciada culinária afro-baiana. Em sua volta reuniram-se os melhores músicos e compositores da época, até sua morte em 1920.

Bebiana de Yansã, irmã de Ciata, foi, por sua vez, figura central da primeira fase dos ranchos do Rio de Janeiro, relacionados ainda com as festas de Natal. Em sua casa, em São Domingos, ficava a Lapinha, onde os cortejos iam evoluir no dia de Reis.

Hilário Jovino Ferreira, pernambucano, mas desde criança vivendo em Salvador, chegou ao Rio de Janeiro em 1872. Ogã da comunidade Terreiro de João Alaba, era conhecido por Lalu de Ouro. Compositor, músico e capoeirista, Hilário foi introdutor das transformações do rancho e sua adaptação ao espaço do carnaval.

Em depoimento no livro *Tia Ciata*, de Roberto Moura, afirmava:

> *"Fundei o Rei de Ouro que deixou de sair no dia apropriado, isto é, a 6 de janeiro, porque o povo não estava acostumado com isso. Resolvi então transferir a saída para o carnaval..."*

Tradição dos Afoxés. Ritmo Ijexá na marcação do agogô. Salvador-BA.

... Nunca se tinha visto aquilo aqui no Rio de Janeiro: porta-bandeira, porta-machado, batedores etc. Perfeitamente organizado, saímos licenciado pela polícia.[2]

Hilário foi, sem dúvida, um dos principais criadores e organizadores de ranchos de carnaval de bases familiares e irmandades corporativas características dos baianos no Rio de Janeiro.

Mas os baianos integrariam também os chamados "blocos de sujo" e cordões "anárquicos" que, juntamente com os cucumbis, caracterizavam o carnaval negro do Rio de Janeiro. Esses blocos, críticos e satíricos, eram mais uma brincadeira no carnaval, que, na medida em que se africanizava, ia perdendo a feição bruta do entrudo da primeira metade do século XIX.

A gente de Tia Ciata saía no rancho Rosa Branca e no Recreio das Flores, esse organizado pelos membros da Resistência dos Trabalhadores em Trapiches de Café, além de saírem no *Macaco é outro*, bloco fundado por Germano, que era genro de Ciata.

---

2. Cf. MOURA, Roberto. *Tia Ciata*. Rio de Janeiro: Funarte, 1983.

PAE BUROKÔ

Os afoxés contribuíram de modo contundente para o enriquecimento cultural dos festejos do carnaval no Brasil.

O afoxé se caracteriza como um dos muitos desdobramentos culturais das comunidades-terreiros da religião tradicional africana no Brasil. Ele se constitui por uma linguagem contextual em forma de síntese recreativa que combina expressões de dança, música, dramatização, vestuário, instrumentos, emblemáticas etc., características da estética negra.

No início da década de quarenta, o afoxé se destaca no cenário do carnaval negro baiano.

A troça Carnavalesca Pae Burokô foi fundada em 1935, no Ilê Axé Opô Afonjá no tempo em que era viva e enaltecida Mãe Aninha, Ialorixá Obá Biyí, Sra. Ana Eugênia dos Santos.

Burokô originou-se de um tronco de um araçazeiro que tinha a aparência de um homem, encontrado por Didi, Deoscóredes M. dos Santos, atualmente Alapini, Supremo Sacerdote ao culto dos egunguns, ancestrais masculinos, naquele tempo um menino que brincava de picula na roça de São Gonçalo, como ele mesmo conta em seu livro *Axé Opô Afonjá*.

Aquele toco foi venerado pelos meninos que, depois de ouvirem Mãe Aninha, lhe deram o nome de Burokô, tornando-se o patrono da troça carnavalesca.

De outro toco fizeram o boneco que sairia no desfile representando Burokô, juntamente com o porta-estandarte feito de veludo vermelho e que identificava o afoxé.

A denominação de afoxé derivava da ação do "feiticeiro" de soprar o ixé (trabalho) nas três direções abrindo os caminhos, assegurando proteção.

Em 1942, sob a direção dos fundadores, Didi, Clodoaldo (Menininho), Hugo e Aurinho, o Burokô atingia a maioridade. No sábado fizeram as obrigações, que incluía oferenda ao Orixá Exu, senhor dos caminhos, a fim de que ele protegesse a brincadeira, livrando-a de todo o mal.

Domingo pela manhã Didi comandava a turma dos associados com os sons do apito. Todos se reuniram e ouviram a preleção. Menininho foi chamado para despachar a rua. Feito o despacho, em seguida todos puseram-se em forma. Ouviram os clarins e entoaram o hino de Pae Burokô saudando Xangô e todos os demais orixás: "*Burokô obá ibô/ Burokô obá aiê/ Burokô obá orum/ Burokô obá omo/ O nile o.*" A orquestra ia entrando de mansinho, irradiando a cadência do ritmo ijexá:

Obá ibô, obá aiê (solo)
Burokô obá ibô (coro)
Obá ibó, obá orum o (solo)
Burokô obá ibô (coro)

O conjunto começava a evoluir. Os "destaques" eram o "feiticeiro" e seu ajudante, o porta-boneco, e o porta-estandarte, funções desempenhadas por Didi, Hugo, Menininho e Aurinho:

Soldado de minha comanda
Toca calcanhá pra Santo Antônio de Bara
Frente pra Senhor do Bófim
Que tera é nosso (solo)
Jiri bum bum (solo)
Qui tera é nosso (coro)
Jiri bum bum (solo)
Qui tera é nosso (coro)

O afoxé evoluía encantando as multidões. Aqui e ali o cortejo parava para atender ao povo, o "feiticeiro" botava mesa: "*Ai lê, Ai lá/ Burokô não qué falá/ Ai lê, Ai lô/ o dinheiro não chegô/ Ai lê, Ai lá/ Burokô já vai falá/ Ai lê, Ai lá / tem ebó prá despachá.*"

E ouviu-se o aviso da sentinela, fazendo com que o séquito continuasse suas evoluções:

> *Pae Burokô soldadevém*
> *Jakuriman, jakuriman*
> *Pae Burokô soldadevém*
> *Jakuriman, jakuriman*
>
> *Pae Burokô toca bando qui eu*
> *vai cumpanhando*
> *Pae Burokô toca bando qui eu*
> *vai cumpanhando*
>
> *Entra in beco, sai in beco*
> *Entra in beco, sai in beco*
>
> *Quando eu sóbi ni ladera*
> *Eu caí eu dirruba...*

Pae Burokô evoluía ao som do ijexá, para os lados do Corta Braço alcançando a Liberdade. Aí estacionava na casa de Lourival Santana.

Nas casas que os aguardavam, os "feiticeiros" atendiam aos hospedeiros e à vizinhança. Comiam, bebiam, se restabeleciam cantando sambas de roda: "É milho é milho é milho/ Tá no alé/ Tá no akô."

Descansados e carregados de presentes e convites para o próximo ano, seguiam para os lados da Saúde. Aí já Tia Antonieta os aguardava, exaustos, desejando se recuperar da canseira, mas felizes e contentes com a grande jornada.

> *Eku joko/ Tabará, Tabará, Tim, Tim, Jaká/ Eku joko/*
> *O Canero Berô/ Bereré/ O minino chorô/ Bereré/*
> *Cala boca minino/ Bereré/ Cala boca neguinho/*
> *Bereré/ Cala boca mi fio/ Bereré...*

CARNAVAL ELÉTRICO

Osmar do Dodô, um dos fundadores do chamado trio elétrico, contou para a TV que logo no seu surgimento no carnaval o trio abafou. Com seu som estridente e com o acompanhamento anárquico dos foliões abafou entidades tradicionais do carnaval baiano, como o Fantoches, que daí por diante perderam seu espaço.

O trio elétrico veio para abafar e continuar abafando. Teve uma fase anárquica e crítica que mobilizava multidões esparsas, num tempo que blocos afros e de índio se encontravam num momento de retração. Nesse período o trio funcionou como elemento catártico e desrepressor.

Com o retorno da vitalidade dos blocos organizados, especialmente os blocos de arte negra, o trio foi perdendo sua funcionalidade original, sendo pouco a pouco cooptado pela indústria cultural, pelo arrivismo político, pelo "negócio de bloco" e pela televisão...

Como disse certa vez Fellini, "a televisão é um eletrodoméstico", nada mais nada menos. Mas além de produto da sociedade de consumo a TV se propõe também a ser um aparelho ideológico do Estado, burguês no caso, e que contribui para a sua constante reprodução. Certa vez um dos diretores do "Globo Repórter" me confirmou com toda sua experiência do *métier:* os programas de TV são recheios dos comerciais. Os comerciais caracterizam a programação de TV. Eles se constituem por uma linguagem de sublimação de desejos, deslocados para uma realização fictícia ou imaginária, condensados e banalizados na associação com um determinado produto industrial para venda e consumo. Nas imagens do comercial do produto industrial a sublimação se reveste das dimensões de fetiches, vende-se gato por lebre, na medida em que os desejos associados àquele produto jamais se realizarão pelo consumo dele.

Enfim, a linguagem do comercial trabalha com mecanismos psicológicos similares à mania de masturbação.

Por outro lado a TV funciona em nível institucional e social de forma articulada com as exigências de controle social das megalópoles resultantes do processo de exploração capitalista monopolista. Foi o que Muniz Sodré acentuou no livro *O monopólio da fala*, revelando que a TV atua como *panópticon* invertido. O *panópticon* foi uma invenção de Jeremy Bentham inserida às plantas arquitetônicas das cadeias públicas, onde, de um posto central, a vigilância poderia contemplar todas as celas, construídas de forma circular. No caso da TV, sua audiência equivale à funcionalidade do *panópticon* invertido.

Para conseguir este feito, a TV criou sofisticados instrumentos de efeito de seduções de imagens, visando à realização dos desejos dos telespectadores, construindo uma linguagem que simula o mundo encantado de cada um. Com isso ela alcança extraordinários "índices de audiência", se comunica diretamente com nenhum...

A comunicação da TV é indireta, impessoal, é de massa, o meio é a mensagem. Milhões sentam-se em frente ao eletrodoméstico nas horas de folga, sublimam desejos, e vão dormir, para enfrentar novas jornadas de trabalho, e assim a vida vai passando...

No Brasil a TV, cujo canal é uma concessão do governo, se caracteriza também por incorporar a política de embranquecimento.

Na sociedade simulada da TV, nosso país é europeu, e a identidade negro-brasileira e outras dimensões do país fora do eixo centro-sul etc... são enfocadas como *faits-divers*, como fatos variados, estereotipados, como clichês do grotesco, do "folclórico", do exótico, da exceção...

Em geral os contextos básicos da composição da identidade nacional são apresentados no bojo da aspiração neocolonialista da política de embranquecimento na base do "já era", "já morreu", "coisa histórica", "sem atualidade". A noção de tempo da TV alimenta o fetiche paranóico da tecnologia, característico das mentalidades consumistas da chamada classe média.

As TVs vêm se caracterizando por veicular uma visão ideológica evolucionista da sociedade humana, onde os EUA, ocupariam o primeiro lugar.

No seu raciocínio não computam absolutamente que esse país, com outras chamadas "grandes potências" se caracterizam como tais por serem os que mais poluem a Terra e que podem destruí-la até cem vezes?

Apesar da constituição do simulacro de sociedade, a TV está sempre sendo ultrapassada pelo processo histórico social real.

No caso de Salvador, por exemplo, durante o carnaval, a TV se vê obrigada a ver seu universo fictício desmanchar-se. A pujante afirmação de identidade do povo negro-baiano nas ruas despedaça a vitrina da televisão. Acostumados com a redoma imaginária dos simulacros, as equipes de reportagem quando emergem no real perdem o pé, quedam-se pasmos, atônitos ante a riqueza cultural negro-baiana.

Encontram porém nos blocos de trio uma tábua de salvação para tentar encobrir novamente o que mantiveram todo ano tapado através de suas políticas de embranquecimento produzidas nos estúdios.

Os blocos de trio, em geral, hoje possuem homólogos valores aos da TV, visam essencialmente ao lucro, realizam show de comunicação de massa, veiculam propaganda, se atrelam à indústria cultural, e oferecem prato farto aos comentaristas para tecerem suas considerações profundas à "arte" da "dança da galinha"...

A cada ano os blocos de trio vêm atravancando mais e mais o carnaval. Seus carros de som, verdadeiros mastodontes, obrigam até os blocos de percussão a usar este recurso no afã de não serem totalmente abafados.

O carnaval elétrico no ano de 1987 matou um menino, que encostou num fio de alta tensão e mais sete pessoas abalroadas por um dos caminhões de som.

A frase paródia "atrás do trio elétrico só vai quem quer morrer" vem se tornando triste realidade.

Diante do fato, um comentarista da TV propôs a retirada dos blocos afro do centro da cidade! Devagar com a louça, meu branco. Preste atenção nos versos do afoxé Pae Burokô:

"Ji ri bum bum
Qui tera é nosso"

A TV na Bahia também tem de mudar, para que a riqueza do povo negro-baiano tenha a sua merecida e correta divulgação.

CADÊNCIA, SÍNCOPA E RABO-DE-ARRAIA: O FUTEBOL NEGRO-BRASILEIRO

Quando observamos uma seleção de futebol do Brasil ou qualquer time brasileiro enfrentando uma equipe européia, observamos contrastes evidentes, que destacam sobremaneira nossa identidade.

O negro brasileiro, quando ocupou o espaço dos *teams de football*, imprimiu uma nova linguagem a esse esporte que, até hoje, transcende os limites do jogo para galvanizar as atenções de todo o mundo para o ser brasileiro.

Na cultura negra, o técnico e o estético não se caracterizam como conceitos dicotomizados ou separados. Odara, por exemplo, palavra nagô ou iorubá, exprime simultaneamente o bom e o belo.

Não poderia portanto ser diferente no âmbito do futebol. O negro-brasileiro criou o futebol-arte, bom e bonito, odara...

Os ingleses tentaram reagir à antropofagia brasileira, como nos conta Mario Filho no seu livro *O negro no futebol brasileiro*, referindo-se à excursão da seleção nacional à Europa, em 1956: *"Nas folhas londrinas, o futebol brasileiro tinha tudo de um circo: o comedor de fogo, o engolidor de faca, os acrobatas, os trapezistas, até os palhaços. Só não tinha essa coisa elementar que era um time."* [1]

Realmente, para os europeus, com sua tradição pragmática ou cartesiana, perceber a relação técnico-estética, característica

---

[1] Cf. Filho, Mario. *O negro e o futebol brasileiro*. Rio de Janeiro: Ed. Civilização Brasileira, 1964.

de nossos valores negros, era algo difícil, ainda mais porque são povos de ideologia etnocêntrica, colonialista e imperialista.

Foi preciso arrebatarmos três vezes a Copa do Mundo e ficarmos definitivamente com o "caneco" para perceberem, no âmbito do futebol, que arte e eficiência não são categorias que se excluem. Pelo contrário, um time que consegue reunir essa qualidade de expressão alcança aquele nível de prazer estético a que recentemente Valdir Pereira, Didi, se referiu em relação ao selecionado de 1958: *"a gente torcia pra o juiz não terminar a partida, tanto era o prazer de estarmos jogando."*

No início do século, já se definiam certas características que marcam os clubes de futebol no Brasil. As primeiras brechas, para ocupar seus espaços no futebol, o negro encontrou no Bangu, que aceitava os operários da fábrica dona do time. Também no Andaraí e outros de menor porte. Jogar em clubes como Fluminense, Botafogo e América era algo a ser alcançado com muita luta. O Fluminense ficou famoso por ter o jogador Carlos Alberto, lá na década de vinte, que se empapava de pó-de-arroz para poder entrar no gramado e não destoar de seus colegas de clube, todos brancos.

Depois foi Friedereich, que sempre se atrasava a entrar no gramado, emplastando o cabelo com brilhantina para assentar os cabelos que teimavam em não ficar lisos. E quantos tinham de jogar de touca...

Até que, em 1921, Manteiga foi para o América. Escândalo para os Borges e os Curtis, que abandonaram o time e foram para o Fluminense em protesto. Para eles, Manteiga deveria continuar jogando no "Cais do Porto", o clube da Praça Mauá.

Mas chegaria o dia em que Manteiga, não resistindo às pressões, aproveitou-se de uma excursão do América para ficar em sua terra, a Bahia.

Seu apelido se referia à qualidade de seus passes. A maneira arredondada e deslizante com que tocava na bola. Desde então para nós, chutar de bico é demonstrar ignorância no trato da bola que corresponde às formas arredondadas do pé, integrando-se no movimento de sua trajetória. Matar a bola no peito ou no pé acalmá-la, aceitá-la, apaziguá-la.

A bola carinhosamente tratada por "criança", "menina", "mulher", é forma ventral, ovalada.

É preciso saber tratá-la bem, para que ela poupe o jogador do desgaste em controlá-la. Como afirmou Didi, respondendo e contestando àqueles que vislumbravam o bom jogador no *sprinter* europeu: "*quem corre é a bola*".

A música de origem negro-africana é fundamentalmente polirrítmica e percussiva, e, no entanto plenamente cadenciada e harmônica.

Meu amigo e irmão Muniz Sodré observou, em seu livro *Samba o dono do corpo*, que uma das características da música negra é reproduzir ou conter, na sua forma de expressão, o ritmo do universo, o tempo cíclico da roda de sucessão de nascimentos ou mortes-nascimento.

Esse tempo da circulação dos sons, batidas do coração, capaz de voltar continuamente sobre si mesmo, dinamizado pelo ritmo, exprime harmonia temporal do cosmos.

A música combina-se com a dança, verdadeiro sistema de gestos cuja dimensão cíclica se caracteriza pela roda.

A dinâmica dramática negra, seja em sua dimensão estético-religiosa ou em seu dimensionamento secular, transbordou para o esporte, especialmente para o futebol.

O tempo do futebol brasileiro é o da temporalidade cósmica, da visão de mundo negra.

A bola corre de pé em pé, cadenciadamente, com ritmo, com gestos, com dança...

A torcida entra com a música. A música percussiva negra que integra o futebol brasileiro.

Não é à toa que quando Júnior chegou ao Brasil em 1986, vindo da Itália, e foi recebido pela bateria mirim da Mangueira, declarou aos repórteres: "Esses são os meus amigos. Está faltando samba na seleção."

A cadência do futebol brasileiro é capaz de envolver completamente os times adversários, pondo-os na roda, impondo seu rit-

A capoeira angola sistematiza as expressões e os gestos da linguagem corporal erdados dos africanos e marca profundamente a trajetória histórico-cultural dos negros brasileiros.

mo, sua linguagem, seduzindo pela integração dos movimentos, pela leveza dos gestos, pela beleza de sua dança na ocupação macia dos espaços do campo.

O Botafogo e o Santos, na década de sessenta, eram capazes de trocar dezenas de passes sem deixar o adversário tocar na bola. Era o baile, o bailado, o olé, executado por Nilton Santos, Didi, Garrincha, Quarentinha, Amarildo, Jairzinho, Paulo César, por Joel, Lima, Mengálvio, Dorval, Coutinho e Pelé. Da roda de samba a roda de futebol.

Mas assim como o ritmo do universo e o ciclo vital contêm o momento da transformação da passagem do dia para dar lugar à noite, dos ciclos de morte em novos renascimentos dos seres viventes em espíritos ancestrais, a estética negra exprime esse tempo de mudança na música pela síncopa.

"*A síncopa é a batida que falta. É a ausência no compasso da marcação de um tempo (fraco) que no entanto repercute noutro mais forte*", explica Muniz Sodré.

Esse tempo vazio é preenchido pela marcação corporal. É um terceiro ausente entre quem toca, quem canta e quem ouve. É quem dança. É quem ocupa o centro da roda de samba, por exemplo, e que deixará o espaço vazio por um momento para ser preenchido por outro.

É nesse espaço-tempo vazio que atua o elemento surpresa no futebol negro-brasileiro. É através da ginga, da negaça, do jogo de corpo, do drible e dos deslocamentos que ele se faz: a bola torna-se visível-invisível; tava aqui e não tá mais.

Valdir Pereira, o Didi, um sábio do futebol, criou a "folha seca", culminância da trajetória sincopada da bola saída da maciez do toque de seus pés.

Tanta é a riqueza legada por nossa tradição africana, que constituímos uma luta-dança estruturada pelo uso fantástico do corpo num incrível repertório de gestos, ritmos e porrada. Tanto à roda dos terreiros, com sua profundidade religiosa, quanto à roda de samba, com sua arte lúdica, de coesão grupal, quanto à roda de capoeira, com sua arte marcial libertária, deve o futebol brasileiro a consistência de sua linguagem.

A capoeira cria o vazio para o outro e arremata com o golpe inusitado. O vazio está onde não se espera. Para morrer basta estar vivo. O golpe nasce às avessas, as mãos, no chão, os pés, no alto, a surpresa contida no rabo-de-arraia.

Bicicleta, chicotada, corte, paradinha, esquivas, negaças, ginga, cabeçada, deslocamento. O vazio e o pleno.

O goleiro uruguaio Mazurkievski procura pela bola, por Pelé. Não estão. Olha, atônito, passar a bola por um lado, Pelé por outro. Ele não sabe como. De repente se criou o vazio, Pelé e a bola estavam invisíveis. Dessa vez não foi gol. Mas e daí? Ele fez muito mais de mil...

MANÉ GARRINCHA:
TEJE PRESO, TEJE SOLTO

Por dentre a densa folhagem úmida da serra, em meio à prodigalidade e à abundância do âmago da floresta, nas terras onde Ossãim habita é aí que Manoel Francisco dos Santos sente-se em casa, como um passarinho na copa da árvore.

Sentado num toco, ele observa a luz que peneira por entre aquele emaranhado de seres verdejantes, cintilantes.

De súbito levanta-se, ajeitando as pernas para caminhar. Sendo uma das pernas maior do que a outra, ela deve ceder, dobrar-se, arquear-se, entortar-se, dar um jeito enfim para igualar-se à menor. Mas ela logo encontra a posição, acostumada desde a infância de Manoel. E então elas o levam, ligeiro, pelo caminho afora.

Logo chega ao mato raso, rasteiro da capoeira. O olhar arisco e atento de Manoel percebe a preá. Será que ela o viu? Nunca se sabe. Ela olha de esguelha, de soslaio, de rabo de olho fingindo que não o vê. Ele se aproxima sem ruído, cautelosamente, pé ante pé, devagar e sempre. Ele sabe que não se consegue pegá-la assim. Mas ele deseja mais uma vez o desafio, o brincar com a agilidade, com o disfarce, com o drible. O bicho continua fazendo-se de tolo, de sonso, de quem nada pressente. O caçador pensa que é a sua hora. Agora. Um pulo, o estatelar-se no mato, e nas mãos o nada... E ela espera?...

Manoel vai em direção ao ribeirão. Pega seu caniço e anzol, ocultos por entre as touceiras, vai para seu lugar de pesca. É lá que, amarrada à vegetação da margem, imersa na água fria do riacho está a garrafa. Ah... A caninha, a que reanima o corpo, a alma, e leva ao mundo dos sonhos...

E num repente, zás. O peixe na isca, no anzol, na mão...

De volta à casa, a família o aguarda. As filhas trazem a maleta pronta. O diretor do Botafogo estava lá. Veio buscá-lo pessoalmente em Pau Grande. Fosse treino, tudo bem, vá lá... Mané detestava treino. Mas era jogo, valendo campeonato, valendo grana, muita grana.

– Como é Mané, e o jogo rapaz...

– *"Jogo é jogo. Treino é treino"*, sentenciou Didi, o Valdir Pereira, um dos maiores jogadores do mundo, um dos maiores técnicos da atualidade.

Na verdade, nos treinos, desde as escolinhas de futebol hoje em dia, é que se realiza com maior intensidade a política do embranquecimento no futebol. É quando tem vez o espaço, o poder dos cartolas, dos técnicos, dos preparadores físicos, dos médicos, e o que mais se inventar sob o nome de "comissão técnica".

É nos treinamentos que se dá o exercício do poder de Estado neocolonial sobre o jogador. É aí que tem lugar a calistênia, as ginásticas européias sob o comando do bacharel em educação física e também as pequenas torturas da medicina esportiva sob as ordens do "doutor", e é quando se tenta pôr em prática os manuais de futebol produzidos na Europa, esquemas e táticas "infalíveis" que só dão certo para os europeus ganharem do Brasil, enfim é o "mundo da ciência" no esporte.

Se o técnico se acomoda e é um colaboracionista do aparelho de Estado no esporte, vira um feitor a serviço dos diretores de clubes, das federações, dos presidentes da CBF, dos presidentes do Brasil...

Certo dia, um técnico do Botafogo, Zezé, sonhou submeter Mané às suas ordens e determinações táticas.

– Ô Garrincha, passe de primeira. Passe de primeira, de primeiraaa!!!

Botou cercas por toda a extensão da ponta direita. Mané ficou por ali até o fim do treino. Cercado... Ao final do treino o repórter indagou:

— Como é, Garrincha, está satisfeito com essas determinações táticas?

— O quê?

O repórter traduziu. Mané respondeu:

— Tudo bem, na hora do jogo não vai poder botar essas cercas... Resolveu treinar em Pau Grande. Cinco contra um. Ele contra cinco, valendo tabela na parede, lógico...

Todos pensavam que sabiam como era o seu drible. Fosse o João lá de Pau Grande, fosse o Jordan do Flamengo, o Altair do Fluminense, o Coronel do Vasco e até mesmo Nilton Santos, seu companheiro de Botafogo. Todos esses especialistas na posição de zagueiro lateral-esquerdo e mais todos os outros que vinham na cobertura deles, fosse o Jadir, o Pinheiro, o Belini e quem mais viesse dar-lhe combate, era a maldita certeza de saber como era seu drible que levava ao fracasso todos que tentavam marcar o Mané por todo o mundo.

A bola parada, seduzindo o zagueiro, Mané fingindo que não o via, olhando de rabo de olho como o préa. Parado, estático. O zagueiro se aproximando. Num repente Mané oscila, ginga, faz, que vai mas não vai. O zagueiro vai com tudo, pensou que era a hora, e zás, ei-lo desequilibrado, estatelado no vazio... Então Mané prosseguia, levando em seu encalço, um, dois, três adversários. Na área, os companheiros aguardando o centro, se desmarcando sem precisar se mexer. Toda a defesa adversária atrás de Garrincha, caça-caçador. E aí vinha finalmente o centro, a bola limpinha. Na decisão do campeonato carioca de 1957, Paulinho Valentim, o centro-avante, fez cinco: se consagrou. A defesa do Fluminense aos pés de Garrincha. Ele, nos braços da torcida, alegria do povo.

* * *

Naquela noite fria, na cidade cheia de ruínas e monumentos da antiguidade de um império decadente, só se ouviam as estrepitosas gargalhadas da torcida italiana.

Garrincha acabara de fazer o quarto gol do Brasil na Fiorentina, num jogo de preparação para a Copa da Suécia, em 1958. Ele mais uma vez driblava, um, dois, três, mas, desta vez, avançou derivando pela meia, driblou mais um e o goleiro. O gol a sua frente escancarado, vazio, pedindo a ele que entrasse com bola e tudo. Mané deu meia-volta, retornando com a bola. Vem um beque desesperado num esforço inaudito, leva o drible e choca-se contra a trave. Garrincha empurra a bola para as redes.

Nenhum zagueiro conseguia odiar Mané, porque quando pensava que estava sendo ridículo, motivo de risos e olhava com raiva para o semblante concentrado de Garrincha, sério, humilde, quase a pedir desculpas pelo drible, se desarmava inteiramente. Não havia ofensa nem deboche em seu olhar. Havia respeito à arte do futebol, do jogo, do lúdico, da brincadeira de que só o negro foi capaz de fazer com uma linguagem oriunda da Inglaterra. Mané era um artista que aprendera com a natureza, com as folhas, com os bichos, com o préa, tradição dos caçadores, cultura emergente da mata.

Quem não achava graça nenhuma em Garrincha era a Comissão Técnica. Mané vivia brincando com todo o mundo na concentração de Teje preso, Teje solto. Aquilo incomodava demais os cartolas embora seja uma "brincadeira" que envolve diariamente o povo brasileiro. Aconselhados pelo psicólogo professor Carvalhaes, que lhe aplicara um "teste", sacaram-no do time.

Aliás essa barração viria ao encontro da política da CBD de escalar o mínimo possível de jogadores negros no time titular. A seleção estreou somente com um jogador negro. Didi: seu reserva, Moacir, era também negro. Para justificar o racismo, como sempre não assumido pelas autoridades em nossa terra, diziam que "o clima da Suécia era mais propício para jogadores brancos..."

Mas na hora do jogo quem decide são os jogadores. Eles acordaram o gordo Feola e exigiram. Saíram os brancos, entraram os negros que lá estavam, os melhores de fato. Foram consagrados pela opinião pública mundial. Djalma Santos, melhor zagueiro lateral-direito, embora houvesse disputado uma única partida, a finalíssima; Didi, considerado o melhor jogador de toda a Copa; Garrincha o fenômeno; Pelé, o rei-menino nos seus dezesseis anos.

Mazola Altafini deu lugar ao caboclo Vavá, depois de ter chorado feito um bebê e levado uns tabefes de Belini para sair da crise, quando do jogo contra a Inglaterra, embora tendo passado no "teste" do professor Carvalhaes...

Essa turma, mais o Zózimo, que os jogadores não conseguiram escalar em 1958, não tinha nenhum complexo colonial de inferioridade frente ao *english time*. Eles levantariam a Copa em 1962.

Em 1962, Garrincha jogou por ele e por Pelé, que se machucara. Mané estava iniciando sua relação com Elza. Quiseram que ocupasse o lugar do rei. Mas usar coroa não era de sua natureza, preferiu ser Mané Garrincha "apenas"...

Quando chegou para treinar pela primeira vez no Botafogo, já tinha tentado o Vasco, o Fluminense, o Flamengo. Nenhum técnico o deixara treinar. O fato de o negro Gentil Cardoso ser o técnico do Botafogo, na época, talvez tenha permitido a Garrincha encontrar ainda ânimo e esperança para tentar outra vez entrar no gramado.

O Botafogo não ia bem. Gentil conformado em dar uma chance àquele rapaz, pensou em voz alta: "quando nada dá certo, até aleijado aparece para treinar"... Pelo menos ia achar graça em ver aquela criatura de pernas tortas se postar à frente de Nilton Santos, considerado um dos maiores zagueiros de todos os tempos. Bastou a bola chegar uma vez aos pés de Garrincha para Nilton Santos gritar atordoado: "contratem já esse cara, só quero vê-lo do meu lado." E assim foi e assim é. Até hoje está ao lado não só de Nilton Santos, mas de todos nós, sua imagem singela, sua voz suave, sua terna lembrança... Teje solto.

DICO, O REI PELÉ

Na noite de 19 de junho de 1957, táticas e estratégias da luta entre africanos e portugueses, que atravessaram os séculos do colonialismo, se reproduziram como uma sombra projetada da história num estádio de futebol.

A defesa compacta de quatro jogadores do Belenenses cercava inteiramente o adversário, um rapaz de dezesseis anos, jogador do Santos F.C. Ele retorna com a bola fugindo da marcação cerrada. A torcida portuguesa vaia a retirada, mas, de súbito percebendo desfeita aquela barreira humana, ele arranca para o ataque feito um raio; atônitos, os zagueiros levam uma série de dribles e olham incrédulos para a bola no fundo das redes. Era o terceiro gol que ele marcava naquele jogo.

No Brasil, neguinho para chegar a ser Pelé teve que ser assim, fazendo mais de mil gols, mil e uma jogadas desconcertantes, um gol de placa a cada partida. No país do racismo submarino e subliminar, o negro para ter reconhecimento na sociedade oficial tem que enfrentar um leão por dia. Tem que ser, de longe, o melhor.

Com tudo isso porém, foi em Paris, e não no Brasil, no dia 15 de abril de 1981, que recebeu o reconhecimento evidente de que ele é o atleta do século, ele, Pelé, um negro brasileiro.

Desde que atuou nos campos de futebol, a opinião pública é unânime em considerá-lo o maior jogador do mundo. Mas ele próprio divergiu. Para Dico, o maior jogador do mundo foi Dondinho. Depois dele, sim, vem o Pelé.

– Jogue simples, Dico, quanto mais simplicidade melhor.

Foi Dondinho, seu pai e mestre, quem iniciou e preparou Dico para enfrentar os tortuosos e perigosos caminhos da luta pela ocupação do espaço social, num contexto oficial ex-colonizado-escravista.

Dondinho transmitiu-lhe a experiência acumulada de centenas de milhares de jogadores negros que sofreram e sofrem os inúmeros percalços que envolvem uma história gravada por trajetórias de tragédia e glória.

O jogador mineiro teve sua carreira interrompida por uma contusão no joelho e teve de reunir forças com a família para conseguir criar os filhos dentro dos princípios de identidade e dignidade que caracterizam os descendentes de Chico-rei, o Rei-Congo, da terra das congadas, segredo que guarda Minas...

Dessa tradição que vem desde o Ndongo da Rainha Ginga, Dico herdou também a habilidade na luta diplomática que o torna, na atualidade, o maior embaixador do Brasil no exterior, promovendo a projeção de nosso país nos mais afastados rincões da terra, sobrepujando completamente a política oficial do Itamarati.

Desse contexto histórico da congada, ele herdou o processo de africanização dos códigos da linguagem européia. Assim como as congadas caracterizam um aspecto do processo de africanização do catolicismo, o futebol também foi sendo africanizado pelo negro brasileiro. Pelé sintetizou todas as qualidades e conquistas do negro brasileiro na transformação da linguagem técnica do futebol, também em arte negra.

Com isso ele realçou de modo inusitado o valor e significado de todos os que lutaram para isso em gerações anteriores, gravando para sempre o reconhecimento a Dondinho e a tantos e tantos outros que tiveram os seus nomes relegados pela história.

Pelé também reavivava em sua maneira de jogar os torcedores que lembravam, ora aqui ora ali, as diversas celebridades do futebol que transformaram esse jogo numa verdadeira paixão de afirmação da identidade nacional.

Quando recuava para auxiliar a defesa atuando como se fosse um zagueiro, os torcedores mais velhos coçavam os olhos pensando em ver Domingos da Guia, quando armava jogada pelo meio, sua visão de jogo, combatividade e deslocamento lembravam Zizinho; quando lançava bolas aos companheiros assemelhava-se a Didi, com sua ginga, equilíbrio e elegância; quando subia ao ataque seu "faro de gol" e sua elasticidade acrobática traziam presentes a imagem de Leônidas, e cabeceava com mais habilidade do que Baltazar... A tudo isso acrescentava-se o dom divino do gênio de ser Pelé.

Bem, e quando brincava de agarrar no gol? Suscitava comparações com a elasticidade de Veludo e com a colocação do Barbosa. Alguns jornalistas ingleses que o viram atuar no gol no Chile, em 62, num treino da seleção, foram taxativos: *"Better than Gilmar."*

Quando fez seu milésimo gol e a imprensa de todo o país concentrou-se em suas declarações, emocionado chamou a atenção da sociedade oficial para a situação da criança brasileira. A criança é quem mais sofre a rejeição provocada por um sistema social europocêntrico e autoritário que imprime uma política de embranquecimento e genocídio.

Mesmo assim, em 1986, depois de tudo o que Pelé fez e vem fazendo, a Caixa Econômica Federal veiculou uma propaganda nas TVs, com o anúncio "Guerreiros do Brasil" em que todos os meninos que aparecem vestidos com o uniforme da seleção nacional são brancos, e o único menino negro que rapidamente aparece veste o uniforme da Itália (?!) e comete o pênalti que consagra os "branquinhos", do Brasil (?!).

Esse anúncio é um pequeno exemplo sintomático do desejo de embranquecimento que caracteriza a sociedade oficial neocolonial. Essa política transpira por todos os poros dos meios de comunicação de massa da indústria cultural. Pelé, por exemplo, é a única exceção entre todos os comentaristas e repórteres de TV, que fazem a cobertura da Copa.

Como diante da defesa do Belenenses, ele se vê cercado de brancos de todos os lados. Mas Pelé sabe que, contrariando a política de realçar uma imagem embranquecida do país, desenvolvida pelo Itamarati, que, até hoje, não admitiu um negro como embaixador de carreira, ele neste momento representa a grande maioria da população do Brasil, segundo país de maior população negra do mundo.

No depoimento que prestou ao escritor Haroldo Costa, que organizou o livro *Fala crioulo*, Pelé disse: "*aonde eu vou, onde eu entro, é um negro que está entrando.*" Viva o rei. Viva o Brasil.

JÚLIO CESAR E JOSIMAR: OS MELHORES DO BRASIL NA COPA DE 1986

A imprensa mundial escolheu a seleção das seleções que disputaram a Copa do Mundo. Da seleção brasileira dois jogadores foram escolhidos: Júlio Cesar e Josimar.

Numa época em que todos preferem defender para depois atacar, essa dupla formidável de zagueiros sobressaiu de modo contundente. A justiça, que tarda mas não falha, fez-se presente, pois ambos sofreram inúmeros obstáculos para chegar à condição de titulares do selecionado nacional.

Júlio Cesar teve de ficar toda a fase preparatória na condição de reserva do ex-capitão Oscar, contratado por sua vez para fazer propaganda de uma firma de aparelhos de televisão. Júlio só veio a ser titular na última hora, pois saltava aos olhos de todos que acompanhavam os treinos coletivos a evidência de que o notável jogador não podia de maneira nenhuma ficar de fora, com o excelente rendimento que vinha apresentando.

Josimar, considerado pela comissão técnica "terceira opção", foi convocado somente quando a delegação já estava no México. Apesar de tudo deu mais sorte, pois foi poupado dos exercícios de "autoridade", controle e poder da tal comissão, da prisão das concentrações e do amargo sabor da política de barragem que atualiza a filosofia de embranquecimento no futebol brasileiro.

Graças a isso, jogou três partidas aliviado daquela pressão acumulada de meses de treinamentos e de obediência às determinações táticas, que promove a inibição e a castração da criatividade, e não perdeu o jogo de cintura com as ginásticas européias obsessivas que enrijecem e atrofiam a musculatura elástica do jogador brasileiro.

Mantendo seus preparos nos campos de pelada, teve condições de acontecer na Copa, influindo diretamente no resultado alcançado nas mais expressivas vitórias do selecionado nacional.

* * *

Agarrado à lista dos 22 convocados para a seleção nacional, um ilustre desconhecido de nome Nabi Abi é atropelado pela imprensa de todo o país e ocupa o espaço do horário nobre de todas as televisões. O povo brasileiro, ansioso e estupefato, aguarda a leitura, que se pretendia solene, mas foi tragicômica ou ridícula.

A lista dos convocados, que poderia ser simplesmente afixada num quadro de avisos, não saiu das mãos daquele senhor que retardou ao máximo o seu pronunciamento, gozando o poder de audiência que hoje consegue um mero cartola.

Para que essa lista provocasse tanto suspense foi preciso o técnico estar mudando constantemente o time titular, impondo sua "autoridade" com o poder da escalação, ameaçando os jogadores com as alternativas ou quase chantagem de corte.

A ânsia de poder da comissão técnica desviou completamente o objetivo real da fase de treinamento que é o entrosamento.

Preparador físico, médicos e técnico disputavam também migalhas de poder, o corta não corta, o sai não sai.

A imprensa, ávida de informações, agindo quase na clandestinidade, procurava o furo de revelação do grande mistério: qual o time do Brasil? Esse mistério sustentava o poder da comissão técnica e isso a manteve sempre em evidência... os jogadores mantidos em plano secundário.

O futebol no Brasil não se caracteriza como um esporte entre os outros. Sua linguagem, herdada de um contexto neocolonial, foi transformada e metamorfoseada pelos valores e formas de expressão estética de nossa cultura afro-brasileira. As vitórias daí alcançadas no plano internacional tornaram o futebol uma paixão onde se exprime nossa identidade e afirmação nacional.

Porém, para chegarmos a esse ponto, muitos obstáculos tiveram de ser ultrapassados. Em 1925, por exemplo, conta-nos Mário

Filho no livro *O negro no futebol brasileiro*. *"Oscar Costa, presidente da CBD, fez questão fechada de um escrete branco para disputar o sul-americano. Não acreditava muito na vitória dos brasileiros. E, para ele, era melhor perder com os brancos."*

Através do padrão de jogo de nosso futebol, Pelé recebeu o título de desportista do século e é o cidadão brasileiro mais conhecido no exterior. Hoje em dia lá fora, a imagem do Brasil está associada à de Pelé, um negro brasileiro, não obstante o Itamarati só nomear embaixadores brancos para nos representar em todas as partes do mundo.

Quando Pelé recusou-se a jogar a Copa de 1974, contrariando interesses e enfrentando as pressões exercidas pelo governo militar, observamos que o Estado passou a adotar certas medidas que se caracterizaram pela tentativa de desestruturar nosso padrão de jogo.

Ideologias neocoloniais enaltecendo o futebol europeu, decreto exigindo diploma universitário de técnico de futebol, instituições de escolinhas de futebol nos grandes clubes (que mais que ensinar a jogar procuram ensinar obediência às determinações de um professor), divulgação de teorias, estratégias e táticas européias, onde a concentração de jogadas banais nomeadas de preferência em inglês ganhavam foro de ciência, foram medidas que procuraram derrubar nosso futebol.

As retrancas italianas, com seus famosos "líberos", que doíam nos nossos olhos quando o Milan, campeão da Europa, vinha perder para o Santos, campeão do mundo, passaram a ser colocadas como exemplos de eficiência. A deficiência transformada em eficiência? Dar porrada, não deixar jogar, matar a jogada com faltas, o futebol nivelado por baixo, vem sendo a tônica hoje em dia nos clubes nacionais, cujos dirigentes, de um modo geral, respiram a ideologia do embranquecimento.

A CBF, como outrora a CBD de Oscar Costa, espera, europeizando nosso futebol, conseguir fechar as portas ao negro, para que o mundo fique pensando, como se esforça o Itamarati, que esse é um país de brancos. Graças às performances de Júlio César e Josimar, não foi desta vez.

Carlos Alberto, o capitão da seleção de 1970, declarou que depois de perdidas quatro copas seguidas, precisamos refletir sobre as razões que estão levando o futebol brasileiro a perder sua hegemonia no plano mundial. Num contexto social oficial, onde falar de racismo é tabu, é preciso quebrá-lo, não só para que um dia possamos alcançar a almejada e verdadeira integração nacional e também, por que não? vencermos novamente a Copa do mundo.

"O CANTADÔ MAIÓ QUE A PARAÍBA CRIOU-LO"

Uma das tradições legadas pelo processo civilizatório africano, constituinte da cultura do Brasil, é a arte poético-literária dos *akpalo* – contadores de história, que percorriam os sertões, vilas, cidades, povoados, roças e fazendas. Suas narrativas míticas eram acompanhadas por gestos dramáticos, pela música polirrítmica e pela dança, como acontece com diversos gêneros que constituem o patrimônio poético literário do negro-brasileiro.

Um outro gênero poético-musical, também de origem africana, o desafio, iria sintetizar-se com a arte dos *akpalo* para formar o que hoje conhecemos por cantoria. Segundo Orlando Tejo, divulgador da poesia de José Limeira, esse gênero lítero-musical originou-se na Serra do Teixeira, na Paraíba. E o termo cantoria foi criado por Romano da Mãe D'Água ou Francisco Romano Caluetê.

Foi aí mesmo, na Serra do Teixeira, no ano de 1886, onde nasceu o mais representativo dos poetas cantadores que até 1954 disputaria e venceria todos os demais grandes cantadores nordestinos:[1]

> *Eu me chamo Zé Limeira/ cantadô que tem ciúme/*
> *Brisa que sopra da serra/ Fera que chega do cume/*
> *Brigada só de peixeira/ Mijo de moça solteira/ Faca*
> *de primeiro gume.*

Mas quem foi José Limeira, "*o cantadô maió que a Paraíba criou-lo*" – como ele mesmo dizia? Certa vez ele se apresentou ao cantador Arrudinha, nestes versos:

---

1. Os versos reproduzidos encontram-se no livro de Orlando Tejo. *Limeira, o poeta do absurdo*. João Pessoa-PB: A União, 1978.

Coitado, mestre Arrudinha/ Ninguém canta em minha frente/ O meu nome é Zé Limeira/ Caixa de guardar repente/ Negro de cara taiada/ Da crasse de comer gente,

Esse poeta negro, íntegro, ciente de sua identidade e do valor das origens do gênero poético-musical em que Deus lhe dera o dom maior de expressar-se, lutou durante toda a sua vida para não deixar que a cantoria fosse cooptada pelos discursos impositivos da literatura oficial, assentado no poder de Estado das instituições escolares eurocêntricas.

Para tanto, valeu-se dos fundamentos próprios da cantoria que ele mesmo divulgou como filosomia regente. Esta exprime a dimensão do mistério da existência neste mundo e no além, do indizível e do invisível, do comum e do fantástico, do pleno e do vazio, do conhecido e do desconhecido, do ritmo sincopado do universo, dos ciclos de mortes e nascimentos, dos espíritos ancestrais, das forças cósmicas que governam o mundo, da inexorável marcha do tempo e do fluxo dos destinos, tudo isso caracterizando os fundamentos e valores da visão de mundo e da linguagem da cultura negra, na África e no Brasil.

Essa dimensão de mistério do existir envolve também o poder da palavra pronunciada, geradora e desencadeadora de ação, capaz de causar ou provocar a própria morte. Para Limeira, a palavra era um dos mistérios da finitude-infinitude contextual do ser. Pois não foi assim que escolheu a hora da sua morte, ao descumprir o preceito que o interditava, de cantar o romance da *Pavoa devoradora*, a não ser depois da meia-noite...

A filosomia regente equivale à Bíblia, o livro sagrado dos brancos:

O livro tem três arrouba/ só de letra e de papé/ todo seu materiá/ é fazido de rapé/ a traseira é luminosa/ a capa também é formosa/ da cor da sola do pé.

A filosomia regente é sabedoria que incorpora o não-significável. Obra aberta em movimento, metalinguagem que desestrutura as linguagens impositivas oficiais através da explosão da essência da palavra, pois a palavra não pode conter a globalidade da experiência de ser, o que só é possível no âmbito dos limites ilimitados da filosomia regente:

> *Os hemisférios do prado/ As palanganas do mundo/ Os prugis da Galiléia/ Quelés do meditabundo/ Filosomia regente/ Deus primeiro, sem segundo.*

Filosomia regente, sabedoria, livro da vida incomensurável, formado de infindáveis caminhos, insondáveis mistérios, multiplicidade infinita do existir como partículas de pó de rapé.

Por conter o nada, a filosomia pode conter o tudo:

> *A santa filosomia/ descreve os peixes do mar/ as sereias do sertão/ mula preta e mangangá/ muié da saia rendada/ moça branca misturada/ carro de boi jatobá/ E mais,/ Esse livro tem de tudo/ que o cristão pensar no mundo/ A fala de Agamenon/ a mãe de Pedro Segundo/ avô de Pedro Primeiro/ que cantou num cajueiro/ seu sentimento profundo.*

A obra aberta em movimento de Limeira se realiza na relação de comunicação dinâmica, intergrupal, tendo por interlocutores o poeta-cantador, o desafiante e os assistentes da cantoria, que participam aplaudindo e reagindo à sucessão dos versos, orientando, através das sugestões de motes e pedidos, o curso do desafio. A poesia é contextual, ela é aqui e agora. Solicitado a cantar o mote, *"E os tempos não voltam mais"*, Limeira versejou:

> *O velho Tomé de Souza/ Governador da Bahia, casou-se e no mesmo dia/ Passou a pica na esposa/ Ele fez que nem raposa/ Comeu na frente e atrás/ Chegou na beira do cais/ Onde o navio trafega/ Comeu o padre Nobréga/ Os tempos não voltam mais.*

Em geral, observamos uma tendência dos seus desafiantes de se apoiarem nas linguagens impositivas europocêntricas do saber oficial. Instado, certa ocasião, pelo poeta Barbosa, a cantar com base na geografia, Limeira respondeu:

> *Colega, a geografia/ É dois pato, uma marreca/ É dois braço, duas pernas/ Duas mão, duas munheca/ colega, sustente as calças/ vamos subir a cueca.*

Ele costumava atrair seu adversário para o terreno fértil de sua poesia, pela alta taxa de informação de seus versos, para depois arrematar, muitas vezes, com uma carga de puros significantes:

> *Peço licença ao prugilo/ Dos quelés da juvenia/ Dos tolfus dos aldíacos/ Da baixa da silencia/ Do genuíno da Bríbria/ Do grau da grodofobia/*

Arrudinha respondeu:

> *Eu jamais ouvi falar/ Nessa tal de juvenia/ Nem tão pouco em aldíacos/ Dessa sua silencia/ Limeira, me fale sério/ Que diabo é grodofobia?*

E Limeira:

> *O mestre inda não sabia/ Que Jesus grodofobou? Pois fique conhecendo/ Que Limeira prugilou/ E o cipó de seu Pereira/ Também já juveniou.*

Um dia, foi alertado, em tom de brincadeira, por um jornalista, que poderia ser preso por haver dito, num verso, que o marechal Floriano teria enganado um cigano em Soledade. O poeta riu e respondeu: "Ora, mestre, eu não tenho medo nem de capitão, quanto mais de marechal. Marechal pra prendê esse nego véio é preciso ter foigo de sete gato."

O cantador Gonçalves reconhecia: *"Com Limeira só Deus pode/ E mais ninguém neste mundo/ Porque sua voz é forte/ Seu sentimento profundo/ Cantador que canta com ele/ Não passa de um vagabundo."*

Limeira percorreu todo o sertão, sempre a pé. Teimoso em sua postura de recusa de co-participar dos projetos neocolonizadores oficiais, nunca usou de condução. Dormia em meio às estrelas até alcançar de volta o Tauá, sítio em que vivia com a família. Trazia sempre, amarradas nas clavículas de sua inseparável viola, dezenas de fitas multicoloridas, múltiplas e infinitas expressões do existir. No ano de 1986 fez um século que nasceu. *Eku odun oni o!*

TIO AJAYI

Uma das mais ricas tradições do patrimônio cultural negro-brasileiro são os contos que fazem parte do acervo literário do *corpus* oral comunitário.

Na tradição nagô, os contos, de uma maneira geral, estão relacionados com o sistema oracular, tanto o de *Ifá* quanto o de *Erindinlogum*.

Os contos, em sua originalidade, se constituem também em formas específicas de transmissão de valores religiosos, éticos e sociais da tradição dos mais velhos aos mais jovens. Eles se caracterizam como um aspecto da pedagogia negra iniciática, transmitidos numa situação, aqui e agora, a qual fazem alusão, constituindo a experiência vivida em sabedoria acumulada. A comunicação se processa de maneira direta, pessoal ou intergrupal, dinâmica, muitas vezes acompanhada por cânticos, danças e dramatizações.

Deoscóredes Maximiliano dos Santos, Alapini, Mestre Didi, Asipá, é um dos mais eminentes sacerdotes da tradição nagô. Preocupado com a divulgação e a expansão dos valores culturais dessa tradição no Brasil, desdobrou suas atividades estabelecendo novos espaços no campo das recriações artísticas e da literatura escrita, no âmbito da presença predominante da cultura negra no panorama nacional.

Como escritor, Mestre Didi já teve publicados inúmeros livros de contos. Seu estilo se caracteriza por preservar ao máximo a forma de narrar contos que herdou de seus antepassados. A plasticidade das imagens, os diálogos dramatizáveis, os cânticos e provérbios, a maneira de falar o português dos velhos africanos são elementos que permitem harmonizar, ao nível do texto escrito, o complexo contexto das formas de comunicação originárias de seu universo simbólico.

Essa atividade literária de Mestre Didi transborda naturalmente para o campo da dramaturgia. Conhecedor dos fundamentos estéticos que regem a expressão artística das comunidades-terreiro e das formas de recriação e desdobramento de seus valores culturais, ele fez a adaptação dramática e orientou a montagem do conto de sua autoria – *Por que Oxalá usa Ekodidé* – pelo grupo de dança da UFBa, em 1973, e que se apresentou durante as Semanas Afro-brasileiras do MAM do Rio de Janeiro que resultou em um filme do mesmo nome.

A adaptação dramática de diversos contos de sua autoria tornou-se o eixo e o pivô da constituição e aplicação do currículo pluricultural no projeto-piloto de educação *Mini Comunidade Obá Biyi*, coordenado pela SECNEB-Sociedade de Estudos da Cultura Negra no Brasil (1978/1985).

Escreveu, em co-autoria, a peça ou auto coreográfico *Ajaka, iniciação para a liberdade*, que mereceu muitos elogios do público e da crítica especializada.

Mestre Didi acabou de escrever uma outra ópera de grande envergadura e que tenho certeza se constituirá em mais um fato marcante da dramaturgia negro-brasileira. Trata-se da ampliação e do desdobramento dramático do conto *A fuga do tio Ajayi*, publicado no livro de sua própria autoria *Contos crioulos da Bahia*, e que se caracteriza por emergir dos cânticos e da música do afoxé *Troça carnavalesca Pae Burokô*, do qual é fundador.

O conto *A fuga do Tio Ajayi* já havia se constituído em pólo de irradiação das atividades educacionais na "Minicomunidade Obá Biyi" e se caracterizava por promover a adesão e a participação entusiástica de todos os integrantes do projeto, desde as crianças do pré-escolar, aos adultos, pais, funcionários e professores. Suas cantigas eram dramatizadas à época em que as escolas oficiais comemoravam o 13 de maio.

Fugindo ao enfoque deformante da historiografia oficial divulgado pelo sistema de ensino a Minicomunidade Obá Biyi criava e desenvolvia, a partir do conto, sua própria forma de percepção.

Baseado na estrutura lúdico-cultural e artística do afoxé, a ópera incorpora e recria distintos elementos estéticos do patrimônio de valores comunitários.

A fuga do Tio Ajayi possui três características. A primeira refere-se à vida no engenho, no tempo da escravidão. A segunda se inicia quando um tio da Costa, de nome Ajayi, convoca seus irmãos para fazerem as obrigações a um orixá adorado por eles. A terceira começa quando um escravo da Casa-Grande, mandado pelo senhor, espiona o que está passando e dá o serviço do local onde estão os negros reunidos. Segue-se a saga da perseguição do grupo pelos soldados enviados pelo comissário, a mando do senhor de engenho.

Logo que avistaram as tropas, os vigias transmitem, uns para os outros, o aviso da aproximação, até chegar onde está tio Ajayi. As cantigas se sucedem ao ritmo ijexá, acompanhando a dramatização de toda a fuga, até a libertação:

Vigia: *Tio Ajayi soldadevem.*

Tio Ajayi: *Jakuriman, Jakuriman.*

Tio Ajayi, fazendo sinal para toda sua gente acompanhá-lo:

Entra in beco sai in beco.

Todos respondem:

Tio Ajayi toca qui eu vai cumpanhando.

Em dado momento, a sêde atormenta a todos naquela dura caminhada. Sob a proteção dos orixás, os negros recebem a chuva que lhes renova as forças. Os soldados, porém, já distantes, acabam por se arrasar sob o sol causticante.

O grupo atinge o sopé de uma grande montanha e tio Ajayi resolve liderar toda a sua gente para subi-la cantando:

"*Quando eu sóbi ni ladera ...*"

Coro: *Eu caí, eu diruba.*

... Assim chegaram ao topo da ladeira, onde tio Ajayi fez sinal para todos sentarem, a fim de descansar um pouco e cantou assim:

> "*Ekú Jokô! (solo)*
> *Tabar, Tabar!*
> *Tin-Tin Jak*
> *Ekú Jokô (solo)*
> *Tabar, Tabar"(coro)*

Já iam recomeçar a jornada quando um carneiro berrou e uma criança chorou. Tio Ajayi, atento, cantou:

> – *o canêro berô... (solo)*
> *béréré (coro)*
> *o minino xorô (solo)*
> *béréré"(coro).*

Conforme o conto narra, naquele momento tio Ajayi declarou: "Meus irmãos, de agora em diante estamos livres, não só dos soldados que nos perseguiam como também dos senhores e do cativeiro que nos era dado. *Olorum ati awon Orixá ba fé awon gbôgbô* (Deus e todos os orixás abençoem a todos)."

Exposição de esculturas do Mestre Didi, Centro de Convenções, Salvador-BA, durante a II Conferência de Tradição dos Orixás e Cultura, 1983.

ARTE SACRA NEGRA

A exposição de Arte Sacra possui uma longa história, que se inicia com o esforço do estreitamento dos laços socioculturais entre as comunidades negro-brasileiras e a África, e se amplia no intuito de divulgar, para outros continentes, as características dinâmicas da tradição dos orixás, seus desdobramentos e sua expressão cultural em nossa terra.

A exposição se originou como desdobramento e ampliação das exposições das recriações estéticas de Mestre Didi, sacerdote-artista que desde quinze anos possui o posto Assogba, sacerdote supremo do culto ao orixá Obaluaiê, e cria os emblemas ou as armas dos orixás do panteão da terra. Destes emblemas, Mestre Didi parte para suas recriações, onde forma, textura, matéria, cor e composição espacial exprimem a complexidade conceitual e as relações entre os símbolos da constelação dos orixás.

Uma das peças de grande expressão estética que caracteriza a obra de Mestre Didi é *Xaxará Ibiri ati Oxumaré Meji*. O nome da peça indica a combinação dos emblemas dos orixás do panteão da terra, reunidos numa concepção harmônica espacial que recria a significação dada pela ação ritual, num novo contexto simbólico-estético, mantendo as elaborações profundas e as complexas simbologias que expressa.

Do *Ibiri*, emblema de Nanã, recriado, emerge o *Xaxará* de Obaluaiê e se desprendem as duas serpentes-símbolo de Oxumaré.

Nanã, orixá relacionado à lama, água e terra, matéria-prima de tudo o que nasce, contém os mortos, que constituem a restituição da matéria necessária, Egum-Ipori, à dinâmica do ciclo vital. O Ibiri, emblema de forma ventral, composto com nervuras de palmeira enfeixadas, representação coletiva dos espíritos ancestrais contidos no interior da terra ressarcida, se conjuga com o *Xaxará*, emblema de Obaluaiê, filho de Nanã.

No *Xaxará*, a representação dos espíritos ancestrais constituída pelas nervuras da palmeira está enfeixada no formato de uma vassoura com que o orixá atua seu poder, cessando, limpando e eliminando as doenças quentes, que produzem febre alta – como a varíola, que provoca muitas mortes.

As serpentes de Oxumaré, filho de Nanã e irmão de Obaluaiê, carregam em seus corpos todos os matizes de cores, arco-íris que exprime a multiplicidade e a variedade da existência e cujo movimento assegura o fluxo dos destinos e processo dos renascimentos, em sua órbita emergente da terra para o além, caracterizando o ciclo vital. A complexidade das combinações simbólicas recriadas por Mestre Didi, no *Xaxará Ibiri ati Oxumaré Meji*, mantém os aspectos das elaborações de vida expressos na visão de mundo nagô.

Os êxitos alcançados nessas exposições animaram seus organizadores a ampliarem a amostra desse universo sociocultural.

A exposição de Arte Sacra Negra atravessou o Atlântico, representando o Brasil no Festival Internacional dos Direitos Humanos em Lagos, Nigéria, de lá foi para Gana e Senegal, depois no palácio da Unesco em Paris, no African Center em Londres, depois em Buenos Aires, e daí retornou ao Brasil de modo retumbante, exibida no Museu de Arte Moderna no Rio de Janeiro durante as Semanas Afro-brasileiras em 1974 e, finalmente, no ano seguinte, no Anhembi em São Paulo.

Todo esse périplo porém não foi realizado em águas tranqüilas. O Itamarati, depois de patrocinar a ida da exposição à África, tentou impedi-la de ir para a Europa e de realizar-se no Brasil. Proibiu a realização de diversos segmentos programados pelas Semanas Afro-brasileiras que complementaram a exposição, especialmente inúmeras mesas-redondas, e submeteu à censura todos os textos dos catálogos, até as epígrafes das peças.

Mas isso são águas passadas, e em 1986 a exposição se realizou em Salvador, de onde saíra há quase vinte anos.

Constituída de centenas de peças de arte, dispostas especialmente de acordo com a estrutura simbólica que exprime a visão do mundo negro, a exposição é uma mostra das mais completas e sem dúvida a mais significativa do acervo da arte sacra negro-brasileira.

IDENTIDADE NEGRA E CIDADANIA

O BOM JESUS E A "CONQUISTA BURGUESA"

A 5 de outubro de 1986, fez noventa e nove anos do massacre e destruição de Canudos. Na narrativa de Euclides da Cunha em seu livro *Os sertões*[1] o último combate assim se caracterizou: "*Eram quatro apenas; um velho, dois homens feitos e uma criança na frente dos quais rugiam raivosamente cinco mil soldados.*" Canudos resistiu bravamente ao genocídio perpetrado pelas forças militares republicanas, que mataram cerca de 25 mil pessoas, a grande maioria de velhos, mulheres e crianças.

A defesa de Canudos foi realizada por uma média de setecentos combatentes, cujos armamentos e munição, nos primeiros combates, eram compostos de facões, enxadas, foices, garruchas, espingardas de caça, paus, pedras, pontas de chifres etc.

Foi quase um ano de duros combates. As tropas federais que chegaram a mobilizar mais de 10 mil homens equipados com moderno armamento alemão sofreram mais de 5 mil baixas.

Depois de bombardeado por canhões, dinamitado e incendiado, Canudos ainda resistia ao cerco, jogando por terra as concepções ideológicas da elite neocolonial burguesa sobre o povo brasileiro.

Armado de toda essa ideologia, o intelectual pequeno-burguês não pôde deixar escapar a frase que ecoaria por todo Brasil: "O sertanejo é, antes de tudo, um forte."

Essa constatação surgia em meio ao cenário trágico e dramático das ações genocidas perpetradas pelas tropas da República.

---

[1] Cf. CUNHA, Euclides. *Os sertões*. Rio de Janeiro: Francisco Alves, 1984.

Não houve prisioneiros. Todos os que chegavam aos acampamentos, eram estripados. O único elemento a caracterizar a prova da vitória do exército foi a cabeça de Antonio Conselheiro, o Bom Jesus, trazida para ser exibida como troféu nas cidades do litoral a fim de que multidões pequeno-burguesas delirassem com o "feito". Era o ano de 1897.

As casinhas de taipa de Canudos, na base do Morro da Favela, tragaram as arremetidas das tropas ensandecidas e anularam a disparidade entre o número de seus combatentes e aquelas forças neocolonialistas com seus poderosos armamentos. A vitória do exército, "mercenários inconscientes" no dizer de Euclides da Cunha, não aconteceu... pois não matou a todos, e as favelas se multiplicaram...

Essa cidadela de taipa, tapa ou sopapo, se desdobra e se expande, afirmando o direito à existência, malgrado todas as tentativas genocidas neocoloniais.

Não foram episódios de pouca monta que originaram a guerra, segundo Euclides da Cunha, como o protesto do Bom Jesus contra cobrança de impostos, ou suas exigências de entrega do madeirame para construção da igreja, já pago...

Sintomática é a carga em que a autoridade policial de Itapicuru apelava aos poderes constituídos: *"Para que V. Sa. saiba quem é Antonio Conselheiro, basta dizer que é acompanhado por centenas de pessoas, que ouvem-no e cumprem suas ordens, de preferência às do vigário da paróquia."*

Um estudioso do catolicismo no Brasil, Eduardo Hoornaert, narra o contexto histórico da Igreja, por volta de 1870, que marca

> *"a entrada do Brasil no âmbito do Império Britânico e a conclusão do segundo pacto colonial. Dentro da perspectiva deste segundo pacto, a escravidão... perde a funcionalidade que ela tivera durante o período português e o negro perde seu lugar na sociedade".*[2]

[2.] Cf. HOORNAERT, Eduardo. "Pressupostos antropológicos para a compreensão do sincretismo". Petrópolis: *in Revista de Cultura Vozes* (Sincretismo Religioso), (7): 43-52. 1977.

Convém corrigir "seu lugar" no âmbito do processo produtivo colonialista". Continuemos a citação:

> *"ele é marginalizado e substituído pelo imigrante europeu, sobretudo o italiano. Os contatos entre a Europa e o Brasil se tornam muito mais intensos e assistimos a uma verdadeira nova conquista do Brasil, uma conquista burguesa."*

Convém mais uma vez corrigir: assistimos a uma tentativa de conquista burguesa. Continuemos:

> *"No plano interno da Igreja esta europeização se traduz por uma romanização: o modelo romano é imposto no Brasil pelos bispos reformadores. Dentro deste modelo não há lugar para irmandades lideradas por leigos: elas são substituídas por associações religiosas as mais variadas, assistidas e orientadas pelo clero.*
>
> *Durante este período da romanização da Igreja no Brasil nada menos que 39 congregações masculinas e 109 femininas entraram no país, tomando conta de 75% dos colégios existentes e transformando a ideologia católica acerca do sincretismo existente na cristandade brasileira, genuína e original, irredutível a européia por causa de uma longa formação histórica."*

Convém ainda corrigir: entenda-se por "sincretismo" o processo histórico... de africanização do catolicismo, daí a sua "irredutibilidade" estar ligada, na verdade, à afirmação existencial e social africana em nossa terra. Continuemos a citação:

> *"Os intelectuais católicos não entendem mais o seu próprio povo e passam a tratá-lo de ignorante, supersticioso, superficial, simplesmente porque não corresponde à imagem romana do catolicismo."*

Mais que isso, os ideólogos liberais iluministas, nesse contexto colonialista, elaborariam sofisticadas teorias da "evolução das raças" erigindo o predomínio de umas sobre as outras como um corolário do "esmagamento inevitável das raças fracas pelas raças fortes". Essa teoria, chamada de racismo, elaborada na França por Gobineau e Lapouge, faria enorme sucesso na Inglaterra imperialista e na Alemanha nazista, bem como tornou-se a mola ideológica da política do "branqueamento" no Brasil, divulgada e reproduzida no abrigo das universidades nascentes.

Na ponta da projeção da autoridade colonial britânica no Brasil, estava o vigário da paróquia de Itapicuru...

O totalitarismo neocolonial ou imperialista que impulsionava o modo de reprodução capitalista no Brasil não admitia conviver com a diferença de identidade e valores espirituais.

Nos EUA, país originado das 13 colônias de povoamento inglês, ficara famoso o refrão divulgado pelos protestantes: "o único índio bom é um índio morto."

Canudos se constitui em mais um quilombo no Brasil. Um "Kraal africano", na percepção de Euclides.

A tragédia de Canudos é um ponto de referência na história moderna. Propiciou-a a política de branqueamento do Brasil oficial, nos inícios da República. O cerco de fome que o fustigou, desde então alargou-se. O hiato entre o Estado e a Nação aprofundou-se. Canudos, porém, emerge hoje, das águas, com a atualidade das suas esperanças de que os valores do sertão integrantes da identidade nacional da grande maioria do povo brasileiro se projetem cada vez mais no litoral. Quem duvida? Foi o Bom Jesus quem disse: "O sertão virará praia e a praia virará sertão."

DESIGUALDADE E POLÍTICA DO EMBRANQUECIMENTO

No "Evento SECNEB 86", no Hotel da Bahia, constou da programação magnífica exposição de Arte Sacra Negra, e uma agenda de debates sobre "Pacto Social e Heterogeneidade Nacional".

O assunto foi bastante pertinente – assim se mostrou – durante o encontro, pois foram eleitos neste ano os futuros constituintes que terão a responsabilidade de elaborar a chamada Carta Magna, que regerá as bases do Estado brasileiro.

A necessidade de uma nova constituição caracteriza o fato de que, no Brasil, o Estado nunca assumiu a Nação.

Os setores e segmentos populacionais mais significativos na constituição da nação brasileira, isto é, o contingente negro e aborígine e seus descendentes foram alijados do processo de institucionalização da sociedade oficial, seja após a independência política de 1822, seja após a proclamação da República de 1889, sem falarmos no período colonial.

Esses setores, todavia, foram os que mais se destacaram no decorrer da história do Brasil, na luta contra o colonialismo e a escravidão. Aliás, podem-se tirar conclusões de que exatamente por isso foram alijados da constituição do Estado brasileiro caracterizado por um pacto social de natureza neocolonial.

As bases deste Estado foram lançadas no tempo de D. João VI, quando este transferiu a Corte Portuguesa para o Brasil. A colônia de exploração passou a ser visualizada como de exploração e povoamento: foram implantados os primeiros núcleos de imigrantes do norte da Europa no sul do país, estabeleceu-se a estratégia da política de embranquecimento.

Quando o Marquês de Caxias escreveu relatório a D. Pedro II comunicando ser impossível derrotar os paraguaios na Região do Chaco sem que as tropas brasileiras ficassem completamente dizimadas, ele assinou sua destituição do comando. Em seu lugar, o Conde D'Eu, marido da princesa Isabel, dizimaria brasileiros e paraguaios "ganhando" a guerra para o Brasil.

Os chamados "Voluntários da Pátria" eram, em geral, os "senhores" que concorriam com mais de dez escravos para a guerra. No final das contas, a população negra no Brasil baixou de 60% e a branca aumentou 64%.

D. Pedro II estendeu a política de imigração da Europa, fomentando os núcleos de Blumenau, Joinville, Novo Hamburgo, Nova Friburgo, Garibaldi, Petrópolis etc.

Ainda não havia completado um ano de existência, logo após mudar o país de nome, de bandeira, e mudar o nome de importantes logradouros públicos, o primeiro Governo Republicano proclamou a Grande Naturalização, que facilitava os imigrantes europeus a transformarem-se em brasileiros e, com ela, baixou o decreto de 28 de junho de 1890 que fala de per si: "É inteiramente livre a entrada, nos portos da República, dos indivíduos válidos e aptos para o trabalho. Excetuados os indígenas da Ásia ou da África, que somente mediante autorização do Congresso Nacional poderão ser admitidos."

Ao lado dessas medidas, produzia-se nessa mesma época uma ideologia de embranquecimento nos umbrais da universidade, onde sobressaíam as teorias racistas de Gobineau adaptadas no Brasil pelo médico-criminalista radicado na Bahia, Nina Rodrigues. Do seu livro, *Os africanos no Brasil* são estas afirmações:

> "*O critério científico da inferioridade da raça negra nada tem de comum com a revoltante exploração que dele fizeram os interesses escravistas*"... "*A raça negra no Brasil, por maiores que tenham sido os seus incontáveis serviços à nossa civilização,... há de constituir sempre um dos fatores de nossa inferioridade como povo*"... "*não pode deixar de im-*

pressionar a possibilidade da oposição futura, que já se deixa entrever de uma nação branca, forte e poderosa, provavelmente de origem teutônica, que se está constituindo nos estados do sul... e, de outro, os estados do norte, mestiços, vegetando na turbulência estéril de uma inteligência viva e pronta, mas associada a mais decidida inércia e indolência"...

Conforme conta-nos Abdias Nascimento no livro *O genocídio do negro brasileiro* :[1]

> *" Delegado do Brasil no I Congresso Universal de Raças em Londres, Sr. João Batista de Lacerda, prognosticava que 'em virtude de um processo de redução étnica, é logo de se esperar que no curso de mais um século os 'metis' tenham desaparecido do Brasil, isso coincidirá com a extinção paralela da raça negra em nossos meios, expostos a todas as espécies de agentes de destruição, sem recursos suficientes para se manter'."*

Durante o Estado Novo, o Ministro das Relações Exteriores, Oswaldo Aranha, descendente de família nobre do império, prestou este depoimento a Ruth Landes, autora do livro *A cidade das mulheres* :[2]

> *"O Brasil precisa ser corretamente conhecido, especialmente a sua situação política, e já que vai estudar os negros, devo dizer que o nosso atraso político que tornou essa ditadura necessária, se explica perfeitamente pelo nosso sangue negro, infelizmente por isso estamos tentando expurgar esse sangue; construindo uma nação para todos, limpando a raça brasileira."*

Em 1945, Getúlio Vargas promove novo decreto sobre a imigração que diz: "... a necessidade de preservar e desenvolver, na

---

[1] Cf. NASCIMENTO, Abdias do. *O genocídio do negro brasileiro: processo de um racismo mascarado*. Rio de Janeiro: Paz e Terra, 1978.

[2] Cf. LANDES, Ruth. *A cidade das mulheres*. Rio de Janeiro: Civilização Brasileira, 1961.

composição étnica da população, as características mais convenientes da sua ascendência européia".

No momento político atual, quando se forma uma nova constituinte, desejando-se realmente a almejada integração nacional e o fim das chamadas injustiças sociais, é preciso discernir entre diferença e desigualdade. Devemos aceitar a diferença, pois somos uma nação "multirracial" e pluricultural, mas lutar contra a desigualdade, que na verdade é fruto da política de embranquecimento – autêntico genocídio – que se vem caracterizando, até então, como uma política neocolonial do Estado.

IDENTIDADE E PLURALISMO CULTURAL

O movimento de desmascaramento da ideologia do "sincretismo" precipitou-se quando Juana E. dos Santos participou de um seminário organizado por autoridades da Igreja e, posteriormente, no ano seguinte (1977), foi publicado, na *Revista de Cultura Vozes*, seu artigo "A percepção ideológica dos fenômenos religiosos".

Na 2ª Conferência Mundial da Tradição dos Orixás e Cultura (Salvador, 1983), causaram ampla repercussão as observações feitas sobre o significado da ideologia do "sincretismo" por Mãe Stella, com sua autoridade de Ialorixá. Na 3ª Conferência, em Nova Iorque, ela reafirmou e desenvolveu essa posição, representando a delegação brasileira.

Para se entender o significado da ideologia do "sincretismo", é preciso percebê-la como parte da política de branqueamento, característica do Estado e das instituições oficiais do Brasil.

Essa política do branqueamento que caracteriza o racismo no Brasil se alimenta das ideologias, das teorias e dos estereótipos de inferioridade e superioridade racial que se conjugam com a política de imigração européia, para "apurar a raça brasileira" e com a não legitimação, pelo Estado, dos processos civilizatórios indígenas e africanos, constituintes da identidade cultural da nação. Nesse âmbito, opera a ideologia do sincretismo, tentando apagar a pujança da cultura negra do povo brasileiro.

O ideal racista no Brasil se caracteriza hoje pelo chamado processo de "mestiçagem", que se encaminha em direção ao padrão do homem branco: negro, mulato, moreno, branco. No âmbito cultural, esse "caminho ideal" se caracteriza por processo similar. Religião negra, espiritismo, "catolicismo popular" ou "sincretismo", catolicismo apostólico romano.

A ideologia da mestiçagem apresenta-se dourando a pílula das relações sociais de produção coloniais escravista, vendendo o peixe de que a mestiçagem é resultado da confraternização entre exploradores e explorados!!

Do mesmo modo, a ideologia do sincretismo procura falsear a aproximação do negro ao catolicismo, apresentando-a como processo de adesão, escamoteando a imposição catequética católica, única religião permitida no país até pouco tempo, e as estratégias de luta desenvolvidas pelo negro, nesse âmbito, por sua afirmação sócio-existencial, tendo de "africanizar" o catolicismo.

A luta desenvolvida pelo negro contra a repressão colonial e neocolonial não tem absolutamente sido em vão.

Hoje o povo da tradição dos orixás não precisa mais usar essas estratégias que historicamente permitiram a continuidade do processo civilizatório africano nas Américas, e deve ter consciência do significado próprio de sua liturgia, que não carece de nenhuma complementação ritual católica.

> *Quem sabe do profundo significado das iniciações ou do axexê não precisa estar mais relacionando ou 'complementando' esses processos litúrgicos com ritos da Igreja Católica. Não se pode estar confundindo santo com orixá. Todos sabemos o que é um orixá: orixá é uma força cósmica que rege aspectos da natureza. Nada tem com santo, que é uma entidade de outra religião. Nós respeitamos todas as religiões e queremos que respeitem a nossa, que faz parte de um processo civilizatório milenar. Por isso devemos nos precaver também contra as tentativas de manipulação da indústria turístico-folclorizante. Na hora em que o orixá se manifestar no âmbito dos palcos de teatro, não haverá mais razões para termos os nossos terreiros.*

Outros aspectos do racismo cultural apontados nas demais exposições que complementaram e constituíram o painel das comunicações da delegação brasileira se referiram ao sistema educacional herdado da Europa pelos chamados países do Terceiro Mundo ou países ex-colonizados, que se caracterizam como nações pluriculturais e "multirraciais". No Brasil, esse sistema se caracteriza em relação à grande maioria das crianças brasileiras descendentes de africanos, como uma verdadeira instituição correcional. A escola atua no sentido de realizar uma verdadeira lavagem cerebral para que as crianças abandonem suas tradições.

O resultado desse processo, porém, é que a criança se sente agredida e rejeitada por não se ver respeitada em sua identidade e por sua vez reage ocasionando índices alarmantes de repetência e evasão. No Brasil, o abandono da escola pelas crianças é da ordem de cerca de 80%, somente no primeiro grau.

A escola, como aparelho ideológico do Estado europocêntrico, tenta esvaziar a identidade própria da criança, não abrindo espaço e não contemplando, em sua prática de ensino, os valores culturais e as formas do processo de socialização e educação do universo simbólico e institucional negro-brasileiro. Esse processo culmina por rejeitar as características "raciais" e morfológicas do indivíduo, atingindo profundamente seu amor-próprio, tentando esvaziar sua afirmação existencial e inculcar-lhe os padrões e estereótipos da ideologia do branqueamento.

Por fim outra exposição se referiu ao fato da necessidade de uma produção teórica sobre a "História do Brasil", cuja historiografia oficial até hoje desconhece o significado histórico da presença do processo civilizatório negro-brasileiro e especificamente da tradição dos orixás na constituição da nação brasileira.

Essas características da política de branqueamento e de sua variável – o racismo cultural – talvez expliquem por que um evento da dimensão e expressão da 3ª Conferência Mundial da Tradição dos Orixás e Cultura, que propõe uma verdadeira política de integração, de respeito e aceitação das diferenças de valores que caracterizam os contextos pluriculturais da Afro-América, tenha tido um tímido apoio dos órgãos oficiais, no Brasil.

A UNIVERSIDADE E A CULTURA NEGRO-BRASILEIRA

No fim do século passado, com a Abolição, e sendo a maioria da população brasileira negra, a sociedade oficial de bases étnicas e culturais de raízes européias viu-se com o problema de lidar com o negro não mais como escravo mas como cidadão. Todavia a integração do negro não aconteceu de forma capaz de ser assumida como vertente étnica e civilizatória oficial-nacional. A estratificação social do Império permeava-se pela República, mantendo-se com novos recursos.

A produção de uma ideologia teórica capaz de justificar a naturalidade das relações de "dominação" herdadas do período colonial, por um lado, e a imigração de europeus, por outro, foram os recursos mais patentes.

Algumas citações de textos desta ideologia produzida nesta conjuntura histórica poderão ilustrar as dificuldades encontradas pelo brasileiro, desde então, para a integração da sociedade nacional. Por acharmos convenientes e significativas passemos a reproduzi-las:

> – ... *Se conhecemos homens negros ou de cor, de indubitável merecimento e credores da estima e respeito, não há de obstar esse fato o reconhecimento desta verdade – que até hoje não se puderam os negros constituir-se em povos civilizados...*
>
> ... *Para a ciência não é esta inferioridade mais do que um fenômeno de ordem perfeitamente natural, produto da marcha desigual do desenvolvimento phylogenético da humanidade...*

Essas citações, tomadas do livro *Os africanos no Brasil*, de Nina Rodrigues, podem exemplificar o ponto de partida dos trabalhos do médico, criminalista e professor, radicado na Bahia, que marcou e delineou uma problemática teórico-ideológica onde se situaram inúmeros outros autores que deram continuidade aos estudos do "negro como objeto de ciência".

Foi como se situou e admitiu Edison Carneiro, em artigo comemorativo dos 80 anos da Abolição, na Revista do Centro de Estudos Afro-Orientais, da UFBA, referindo-se ao livro de Nina Rodrigues, *Os africanos no Brasil*:

> *Posto que tenha sido a grande figura estelar da fase africana, Nina Rodrigues não se deteve nela. Este livro dedica-se apenas a um dos 'preliminares' do problema do negro, a história dos negros colonizadores. Voltava-se para o passado a fim de capacitar-se para estudar e entender o presente e o futuro. E, com esta reorientação dos estudos do negro, projetou a benéfica influência da sua seriedade e proficiência sobre todos nós, da fase atual.*

Esta ideologia teórica que nega a integração do brasileiro, não desejando que seja assumida sua identidade étnico-civilizatória genuína, fruto do encontro do negro, do índio e do branco que forma um país de características pluriculturais, assegura a representação que justifica o exercício da política de embranquecimento. Não só porque procura negar a existência da cultura negra e ameríndia, como também incentiva a imigração européia.

É dentro desses aspectos da conjuntura histórica que se situa também a universidade brasileira, representada diretamente por "figuras ilustres" como o próprio Nina Rodrigues e seu seguidor Arthur Ramos, dentre outros. Em relação ao sistema cultural negro-brasileiro, é o recalcamento de seu valor ou a deformação das informações que constituem a tônica da produção e divulgação deste assunto em âmbito acadêmico.

Não vamos aqui fazer um balanço crítico da produção universitária em relação à cultura negro-brasileira, apenas dizer que a forma de exposição e as análises realizadas se caracterizam ainda no âmbito das proposições de Silvio Romero: "... o negro era não apenas a besta de carga, mas um objeto de ciência." Ou, ainda referindo-se à falta de preocupação da inteligência neste sentido: "... nós que temos o material em casa, que temos a África em nossas cozinhas como a Europa em nossos salões, nada havemos produzido neste sentido..."

De um lado, instala a problemática do "negro como objeto de ciência" e de outro marca a distância característica da estratificação da dominação pelas metáforas da cozinha e dos salões, ratificando um *status* que é apresentado sutilmente como "natural" e assim sobredeterminado por ambas as proposições,... referência daqueles que pesquisaram sobre o negro.

Esta situação de objeto de ciência caracteriza a percepção etnocêntrica, pois o outro jamais é percebido enquanto sujeito social. A problemática epistemológica se basta com a metodologia ultrapassada, isto é, levantamento de dados e análises dos mesmos. Essas análises constam do uso de uma ou mais disciplinas heterônomas ao campo de significação do simbólico negro, e visam reduzi-lo a elas, como ocorreu com a psiquiatria de Nina Rodrigues e a psicanálise de Arthur Ramos. Outra abordagem característica dessa problemática epistemológica, que procurou não reduzir a significação de um contexto simbólico a outro, foi o uso de um método empirista distanciado, o que todavia não deixou de ser também uma forma de interpretação e recorte superficial da realidade simbólica, onde os símbolos são apresentados elementarizados e em sua instância mais superficial, como ocorreu nos trabalhos de Edison Carneiro. Não se pesquisa o significado mais profundo, para tanto há que se perceber a totalidade sistêmica da cultura negra.

Na verdade, por ser uma cultura iniciática, a cultura negra exige novas formas de constituição de uma problemática epistemológica e conseqüentemente metodológica. Esta nova forma foi produzida na tese de doutorado apresentada na Sorbonne pela dra. Et. Juana E. dos Santos, que posteriormente publicou-a no Brasil com o título de *Os nagô e a morte*, em 1976. Este livro estabelece um novo marco nos estudos negros.

Trata-se principalmente do exercício de uma inversão, ou seja, uma verdeira revolução copernicana. Produzir um conhecimento de dentro para fora ao invés da fórmula tradicional de fora para dentro, partindo sempre da percepção e admissão da totalidade de um sistema simbólico negro.

O recalcamento da cultura negra na Universidade vem trazendo alguns problemas enquanto esta Universidade deseje caracterizar-se como brasileira. Alguns destes problemas foram apontados por Luís Carlos dos Santos, ex-aluno do IACS, UFF, quando foi entrevistado por mim na *Revista de Cultura Vozes* de novembro de 1977, número dedicado às Semanas Afro-brasileiras e Cultura Negra. Reproduzirei aqui uma pergunta e uma resposta que, apesar do tamanho, acho conveniente expor:

> *– Se a escola desse oportunidade para um estudo da cultura negra e dos antigos reinos africanos, simultaneamente ao estudo dos reinos portugueses ou europeus de modo geral, ela poderia representar um poderoso subsídio para a compreensão do brasileiro. Você sente uma proposição desta ordem como algo importante?*
>
> *– Isto poderia dar uma força maior... unidade cultural brasileira. Promover uma integração dessa pseudodemocracia racial que nós temos. A possibilidade de uma maior informação sobre o negro não pode ser só aquela que mostra como o desgraçado escravo vindo da África, ou ensina que os negros que sobressaíram do processo histórico brasileiro não eram exatamente negros, e sim mulatos, isto é, uma desvalorização do negro como pessoa, que só se pode sentir recalcado e buscar uma identificação com o branco ou mulato, o que fatalmente o levará à perda de uma identidade. Quando uma criança negra recebe na escola a primeira informação sobre a escravidão, ela naturalmente se sente inferiorizada, e o maior ou menor grau desse sentimento dependerá de seu professor. A criança, ao sentir vergonha de ser negra, começa a procurar uma identificação com os valores da cultura ocidental branca. Isso a levará a adotar inclusive os mesmos critérios de beleza, alisar os cabelos etc. A apresentação da Prin-*

cesa Isabel assinando a Lei Áurea vai fixar seu complexo de inferioridade, pois pensará nos negros como incapazes de promover sua própria libertação.

Em 1974, com a realização das Semanas Afro-brasileiras no Museu de Arte Moderna, promovidas pela Sociedade de Estudos da Cultura Negra no Brasil – SECNEB – e pelo Centro de Estudos Afroasiáticos do Conjunto Universitário Cândido Mendes, estabeleceu-se um novo espaço à compreensão de referências inusitadas da cultura negro-brasileira, particularmente no plano acadêmico.

A idéia de uma cultura negra no Brasil, com sistema simbólico integrado – religião, filosofia, pedagogia, medicina, comportamento, instituições próprias, suas formas de comunicação, sua expressão estética tendo como centro de irradiação uma arte sacra, combinando dança e música, esculturas, narrativas, cânticos, parafernálias etc. – marcou profundamente a forma de percepção daqueles que dela participaram. O abandono do quadro de referências habitual, no qual essas manifestações culturais só existem no âmbito da cultura branca ocidental, foi uma das conseqüências principais geradas pelas Semanas.

As Semanas Afro-brasileiras puseram à mostra, a um público em geral absorvido pelas ideologias herdadas da dominação colonial, aquilo que existe no Brasil, e faz com que esse país seja um daqueles onde viceja com grande pujança a cultura negra, apesar do tratamento até aqui dispensado a ela pela cultura oficial.

À margem da Universidade, o negro nos últimos anos vem constituindo uma série de instituições de estudos e pesquisas que possam suprir as deficiências apresentadas em nível acadêmico pela sociedade oficial para um melhor conhecimento de sua cultura, procurando elaborar uma nova forma de percepção da pluralidade cultural brasileira através de novos parâmetros de produção científica e também de recriações estéticas. Essa produção não se caracteriza mais por falar sobre o negro, não é mais "o negro como objeto de ciência", mas como produtor de ciência, isto é, identificado com seu processo civilizatório, reproduzindo o seu patrimônio cultural, procurando restaurar a sua consciência histórica, produzindo e divulgando conhecimento de acordo com suas próprias necessidades e, portanto, verdadeira integração na sociedade oficial.

CHEIKH ANTA DIOP E O EGITO NEGRO

No dia sete de fevereiro de 1987 fez um ano da morte de Cheikh Anta Diop, um lutador pela libertação dos povos contra o jugo colonial e neocolonial.

Político comprometido com as aspirações da luta de independência de seu país, o Senegal, jamais aceitou profissionalizar-se, não aceitando cargos no governo de Senghor, nem a cadeira de parlamentar para a qual certa vez foi eleito.

Não aceitando as vinculações neocolonialistas do governo senegalês, se afastou para travar acirrada luta teórica contra os obstáculos "ideológicos" que reprimem o real conhecimento do passado negro-africano e impedem o resgate da profunda identidade negra assentada nos valores de seu processo civilizatório, vividos e guarnecidos pela imensa maioria dos povos africanos e afro-americanos que aspiram a uma verdadeira independência nacional.

Historiador, arqueólogo, físico, com profunda consciência política do momento histórico que viveu, Anta Diop percebeu a imensa tarefa que tinha pela frente, qual seja destapar a história de esplendor da civilização negro-africana da mordaça imposta pela produção teórica colonialista-racista.

Essa produção colonialista-racista pretendeu divulgar nos quatro cantos do mundo, através das instituições escolares, dos meios de comunicação de massa, da indústria cultural etc., uma visão europocêntrica do processo civilizatório constituinte da humanidade.

Neste contexto a cultura antiga greco-romana aparecia como berço dos valores da civilização.

Escultura representando o faraó Tutankhamon, XVIII dinastia do novo império, colocada na entrada da câmara sepulcral.

Embora já se iniciasse um revisionismo em relação a essa posição na própria Europa, e que os estudos sobre a mais antiga civilização do mundo, o Egito faraônico, começassem a colocá-lo no seu devido lugar, nunca se mostrava que sua composição populacional, cultural e etnicamente falando, fosse negra.

Ao desrecalcar a emergência da identidade negra dos valores civilizatórios do Egito antigo, através de seu livro *Nations nègres et culture*, Diop abalou os pilares do edifício de mentiras produzidas pelas mentes coloniais.

Comprovou cientificamente seus trabalhos, de modo a estar bastante municiado teoricamente, para enfrentar o contra-ataque do mundo "científico" ocidental.

Suas descobertas abriram enormemente os horizontes para o real conhecimento da evolução da humanidade.

Ele demonstrou a origem do homem no vale do Nilo na África, suas emigrações para o sul, para o norte, leste e oeste. Sua chegada à Europa e à Ásia.

Demonstrou que não houve nenhuma civilização que tenha alcançado a complexidade e os conhecimentos acumulados, anteriormente, no antigo Egito.

Durante 10 mil anos a civilização negro-egípcia foi o berço da civilização enquanto o resto da humanidade nos outros continentes permanecia mergulhado na barbárie.

Demonstrou que essa civilização influenciou as demais da Ásia menor e que se expandiu a partir do Alto-Egito em direção ao Delta do Nilo, o Baixo-Egito.

Diop denunciou as tentativas de embranquecimento das representações dos deuses egípcios como Osíris, Ísis e Ra, nas ideologias eurocêntricas que procuravam inverter as características do processo civilizatório, pretendendo que esses deuses teriam origem nórdica ou indo-européia.

Ele fez inúmeros estudos comparativos entre as culturas negras da área sudânica de hoje com a cultura do antigo Egito, encontrando surpreendente familiaridade.

Diop aproximou-se dos estudos feitos pelos próprios mexicanos que asseguravam e comprovavam o intenso intercâmbio existente entre os povos do Egito e os da América. Esses estudos demonstravam as surpreendentes relações entre as pirâmides escadas Maias e Astecas, com as de Saquaara de 2750 anos a.C., entre os processos de mumificação, calendários, procedimentos astronômicos, e religiosos, inclusive a presença do culto ao Deus Ra na América.

Muito antes de Colombo e Pedro Álvares Cabral, povos africanos e americanos já se encontravam em contato intenso, o que demonstra por outro lado o formidável conhecimento das artes náuticas dos africanos.

Diop derrubou alicerces das teorias evolucionistas eurocêntricas racistas e colonialistas. Com isso contribuiu enormemente para o reforço da identidade dos povos negros que ampliaram suas razões para sentir orgulho de seu passado, podendo assim marchar confiantes no presente, sabendo que o melhor do passado da humanidade lhes garante um irradiante futuro.

DE ANEL NO DEDO E AOS PÉS DE XANGÔ

Um dos maiores problemas que caracterizam a aplicação do sistema de ensino na região do Nordeste tem sido o fato de os órgãos oficiais constituírem programas baseados numa forma de percepção etnocêntrica ou eurocêntrica da infância. Conseqüência disso é que os parcos recursos investidos nos programas educacionais se esvaem numa política que, na realidade, promove a rejeição escolar e concorre para a evasão das crianças.

Tendo como única referência a idéia de criança emanada dos valores da "classe média", ou pequena burguesia das metrópoles burocrático-industriais, os programas elaborados nos gabinetes de Brasília têm levado ao fracasso os esforços dos educadores "bem-intencionados" que tentam democratizar ou divulgar as conquistas das "classes dominantes"...

Os próprios educadores, de um modo geral, não conseguiram ainda perceber o outro em sua alteridade própria e que realça a identidade brasileira para além dos umbrais do sistema de ensino. Na realidade, a grande maioria das crianças brasileiras está fora desse sistema, dessa rede ideológica, desse sistema de valores herdados do colonialismo e que constitui hoje o neocolonialismo.

O Estado neocolonial, de um lado, se caracteriza por abandonar e marginalizar a grande maioria do povo brasileiro, especificamente as crianças, e de outro lado ele mesmo é desconsiderado, desacreditado pela grande maioria da nação.

Isto ocorre porque a maioria da população brasileira se recusa a colaborar com a política neocolonial de desculturação. Ao contrário, realiza sua afirmação existencial, se insurgindo, afer-

Orquestra dos meninos da Mini-comunidade Oba-Biyi, Secneb, durante as dramatizações nos Festivais de Arte Integrada

rando-se às suas tradições e a seus próprios valores que marcam profundamente a identidade nacional no decorrer de toda a nossa história.

Essa identidade está alicerçada no predomínio da continuidade transatlântica dos valores culturais de origem africana e nos valores culturais aborígines.

O sistema oficial de ensino e outras tantas instituições "culturais", principalmente a televisão, tentam negar ou deformar a percepção dessa realidade, promovendo verdadeiras avalanches ideológicas que procuram calar e recalcar a identidade cultural do povo brasileiro.

Mas o que não conseguiu a catequização no tempo da escravidão, não conseguem o sistema de ensino e os meios de comunicação de massa da indústria cultural nos tempos atuais.

O que observamos é que, a cada dia, as comunidades e entidades indígenas e negras aumentam seus espaços sociais de atuação, lutando pelo direito à sua existência própria no conglomerado nacional, atestando a pujança da afirmação existencial de nossa gente.

Todavia, a história nos ensina que os zulus, depois de terem derrotado os ingleses em sucessivas batalhas, foram surpreendidos quando a invenção da metralhadora entrou no cenário mundial, permitindo que cinqüenta ingleses massacrassem cinco mil daqueles bravos combatentes.

Daí por que os brasileiros que lutam contra o colonialismo e o neocolonialismo, externo e interno, e pretendem ampliar a soberania nacional e o grau de autonomia da Federação, devem procurar conciliar a afirmação da nossa identidade com o acesso às armas da informação e da tecnologia do colonizador.

Para tanto, no âmbito da política educacional, é preciso que a escola cesse suas ações que a caracterizam como um instrumento da ideologia do "embranquecimento", e se abra para o respeito à alteridade, contemplando os valores que constituem a identidade da grande maioria das crianças brasileiras.

É preciso que a escola assuma as características "multirraciais" e pluriculturais do povo brasileiro, integrando seus currículos, suas metodologias e práticas de ensino, os programas de criatividade e o material didático à nossa realidade nacional.

Em minhas relações com crianças que haviam se evadido do ensino oficial, pude testemunhar e avaliar a razão pela qual elas explicavam por que tinham largado a escola: "não gostavam de nós."

A psicóloga Regina Helena G. Pires observa que a rejeição escolar é que provoca o "baixo índice de aproveitamento" e a evasão em "níveis alarmantes". "No entanto", escreve ela, "não é assumida pelos educadores de uma forma geral, que projetam o fracasso da escola nas próprias crianças ou em seus pais. A criança então é encaminhada, no mais das vezes, para 'classes especiais' que promovem sua desintegração psíquica, fracionamento de sua identidade própria, o embotamento total. Neste contexto, parece que a evasão é a única atitude sadia que resta ao educando."

Na 2ª Conferência Mundial da Tradição dos Orixás e Cultura, o reitor da Universidade de Ifé, prof. Wande Abimbola, declarou que o sistema de ensino colonial se constitui numa verdadeira prisão, onde se processa uma lavagem cerebral nas crianças, visando fracionar sua identidade e levá-las a abandonar os valores da sua própria tradição.

Na mesma Conferência, teve muita repercussão a proposta encaminhada pela Sra. Stella Azevedo, Ialaxé nilê Axé Opô Afonjá, no sentido de serem introduzidos no sistema de ensino os valores da língua e da cultura iorubá.

Em muitos outros encontros e congressos a comunidade negra vem lutando para que o sistema de ensino contemple as características "multirraciais" e pluriculturais das crianças brasileiras.

Quando da criação do projeto Minicomunidade Oba Biyi, a saudosa Ialaxê nilê Axé Opô Afonjá, Sra. Ondina Pimentel, manifestou ao Grupo de Trabalho em Educação da SECNEB o desejo de Mãe Aninha de ver "as crianças (da comunidade) de hoje no dia de amanhã com o anel no dedo e aos pés de Xangô".

Parece-me que somente quando os educadores puderem responder aos desejos de integração entre escolas e comunidade cultural, expressos por Mãe Ondina, o ensino poderá começar a caminhar no sentido de se converter num real instrumento de conquista do povo brasileiro. Poderá então dar início a um processo capaz de realizar de fato a proclamada "igualdade de oportunidades do cidadão", respeitadas a diversidade e alteridade próprias que o identificam.

EDUCAÇÃO E CULTURA

A Secretaria de Educação e Cultura da Bahia não é exceção à regra da prática da política de embranquecimento que norteia as ações do Estado brasileiro de modo geral.

Além de sofrer as contingências da política educacional que nos últimos anos teve um caráter privatista e elitizante, além de sofrer as contingências de ser a Bahia um estado nordestino e, portanto, abandonado pelo governo central dominado pelo bloco no poder de representantes dos estados do centro-sul, que em geral só olham para o Nordeste para retirar-lhes suas riquezas, a Bahia, sendo um estado com cerca de mais de 80% de sua população negra, ou de origem negra, sofre as conseqüências de um sistema de ensino autoritário e eurocêntrico.

Conseqüência da combinação desses fatores é o alarmante índice de evasão escolar que acontece em nossa terra, que ocupa um triste primeiro lugar, com cerca de 80% dos seus alunos matriculados recusando-se a completar o primeiro grau.

Se essa grande maioria de crianças negras, fora as que não chegam sequer a se matricular na rede de ensino, recusa-se à escolaridade, é porque esta escola rejeita essas crianças, tanto pelas formas de transmissão de conhecimento e atendimento quanto pelos conteúdos curriculares estabelecidos.

A situação é mais escandalosa na medida em que as categorias mais avançadas da pedagogia apontam para o grande significado que possui a integração dos sentidos com as elaborações conceituais, com os processos emocionais e vivenciais. E esta é a característica do processo de aquisição de conhecimentos da cultura negra.

Toda essa concepção, que só agora a pedagogia de origem européia chega à conclusão, é característica das formas de transmissão do saber nas culturas da participação, de comunicação direta pessoal ou intergrupal, especialmente na tradição cultural negra há milênios...

Por outro lado essas novas concepções da pedagogia ressaltam que a aquisição de conhecimentos se processa e flui a partir de conhecimentos e experiências já adquiridos.

No caso da criança negra porém ela se vê alijada desse processo, no sistema oficial de ensino, porque suas experiências e conhecimentos são rejeitados pela escola eurocêntrica.

Para essa criança a escola se constitui num verdadeiro local onde se processa uma tentativa de lavagem cerebral, para que renuncie a seus valores culturais tradicionais, e por conseqüência abandone o seu grupo familiar, sua comunidade, enfim, sua identidade própria.

A escola se preocupa em dar com uma mão a potencialidade de mobilidade social no âmbito do sistema social oficial, e tirar com duas, ou seja, a identidade própria da criança e a afirmação existencial e social do contingente negro a qual integra.

Além disso hoje em dia começa a tomar impulso as concepções pedagógicas do que se convencionou chamar de "arte-educação" como fórmula capaz de fomentar a criatividade da criança, oferecendo-lhe maiores espaços e possibilidade de se desenvolver em meio à escolarização, para além do processo repressivo da massificação das informações curriculares impostas.

Também nesse ponto a pedagogia moderna avança no sentido de descobrir a pólvora; pois há muito que as culturas tradicionais africanas exprimem sua visão de mundo sem separar ou dicotomizar os aspectos técnicos dos estéticos. O conceito nagô de Odara, tão familiar entre nós, significa bom ou útil e belo simultaneamente.

A riqueza da tradição cultural negra da Bahia, sem dúvida uma das mais expressivas em todo o mundo, oferece imensas potencialidades para a urgente transformação das concepções educacionais em nossa terra, inclusive com diversas experiências já realizadas com grande êxito como, por exemplo, o projeto Mini-Comunidade Oba Biyi.

Para uma verdadeira educação popular é necessário o estabelecimento de uma linha programática de recriação de linguagem pedagógica a partir dos valores culturais negros.

De muito pouco adianta criar-se disciplinas como "História da África" para contentar os que reclamam do eurocentrismo pedagógico. É necessário não só também reformular-se os programas de História Geral e do Brasil, abrangendo a presença do negro na história do universo, desde que surgiu o primeiro *homo sapiens*, o homem tal qual somos, na África há 150 mil anos, conforme constata a arqueologia e a antropologia física hoje, bem como reformular toda uma concepção da educação de base totalitária neocolonial irradiada dos princípios da carceragem.

Se os próximos governos da Bahia desejarem assumir uma postura realmente democrática, e no caso da educação, visando dar oportunidades iguais para todos, ele deverá adotar uma política de educação pluricultural.

Somente uma política nesse sentido, acreditamos nós, poderá colocar realmente a maioria dos cidadãos da Bahia em condições de terem, no dia de amanhã, direito ao acesso da linguagem capaz de permitir sua participação ativa no poder de Estado e na gestão da produção.

Mais recursos para a educação, sem dúvida, mas para uma educação em benefício do povo, em benefício de novas conquistas tecnológicas, sem dúvida, desde que dirigidas para melhoria de vida da população baiana, mas para isso é necessário que reforce simultaneamente o respeito à identidade própria, e se legitimem os valores culturais próprios.

Desta forma acreditamos que o governo estará se preocupando realmente com a grande maioria da população do estado, cujos problemas se avolumam a cada ciclo de produção.

Educação gratuita que contemple nossas características "multirraciais" e pluriculturais.

DO TRONCO AO *OPA EXIM ATI EYE MEJI*

Durante o Festival Anual do bloco afro Olodun, o *Femadun*, foi feita uma significativa homenagem: a entrega do Troféu *Ajaama* ao Alapini, Deoscóredes M. dos Santos, Mestre Didi Axipá, Sacerdote Supremo do culto aos ancestrais em reconhecimento às suas atividades voltadas para o zelo da tradição religiosa afro-brasileira, sustentáculo dos valores profundos da comunidade negra.

Além dos diversos títulos sacerdotais que qualificam a personalidade de Mestre Didi, sua ação diversa envolve uma luta, desde que nasceu e foi criado, voltada para a afirmação da identidade negra-brasileira. Atualmente ele exerce as funções de Presidente da Sociedade Religiosa e Cultural Ile Asipá, Coordenador-geral do INTECAB – Instituto Nacional da Tradição e Cultura Afro-Brasileira, Diretor e Conselheiro da SECNEB – Sociedade de Estudos da Cultura Negra no Brasil, entre outras, além de exercer suas atividades de consagrado artista-sacro e escritor reconhecido internacionalmente.

O significado da homenagem prestada pelo Olodun foi realçada pelo seu Diretor Cultural João Jorge Rodrigues, na ocasião da entrega do troféu, afirmando reverter-se o ato de uma continuidade de luta de afirmação da comunidade negra de geração à geração.

Significativo também foi o fato de o ato ter acontecido no Largo do Pelourinho, onde uma imensa multidão de jovens concentrados caracterizava a conquista de uma territorialidade num dos espaços de maior representação histórica de nossa terra.

O Pelourinho, como sabemos, constituiu-se no âmago da representação da repressão colonial, mercantil, escravista. Ali eram realizadas as penalidades dos suplícios públicos, que atingiam sobretudo os negros e negras torturados no tronco com o castigo da chibata.

Hoje, através da linguagem musical do Olodun, o Pelourinho se tornou Pelô, conotação que surge resultante dessa conquista de territorialidade pela comunidade negra.

Especificamente em relação à atividade cultural do Olodun, percebemos que assentado na juventude de seus componentes, ele foi capaz de constituir uma nova linguagem musical transformadora, fazendo referências ao vasto panorama civilizatório negro, da antiguidade aos nossos dias. Nessa linguagem há espaço e tratamento conveniente para referências ao Egito negro faraônico, às lutas anticoloniais na África e nas Américas; tudo isso engolindo e digerindo tecnologias da indústria cultural, colocando-a a serviço do bloco afro que tem de lutar, não obstante, com a onda massacrante da comercialização do Carnaval dos trios elétricos, pontas de lança, no Carnaval baiano dos interesses dos meios de comunicação de massa, especialmente a televisão.

A conquista da territorialidade do Pelô foi realçada de maneira exuberante por outro fato marcante. Ali, no solo do antigo Pelourinho, emergia a beleza da réplica de uma escultura de Mestre Didi Asipá; trata-se do Opa Exim ati Eyé Meji, cetro de lança com dois pássaros. A réplica de cerca de 15 metros de altura, idealizada por Oscar Ramos, da Coordenação de Carnaval da Prefeitura, pairava sobre o Largo do Pelô em meio à concentração do Olodun na sexta-feira, e na do tradicional Filhos de Gandhi, no domingo.

A peça original mede cerca de 1,75m e é feita com os materiais que caracterizam os emblemas dos orixás do panteão da terra, Nanã e Obaluaiê.

Nesses emblemas destaca-se a simbologia do feixe de nervuras ou taliscas das frondes do dendezeiro que se constituem nas representações dos espíritos ancestrais.

Além do feixe de nervuras, os búzios em fileiras representando sucessão de gerações, de linhagens, ancestralidade em contínuo processo de expansão, sobressaem no emblema. As contas, força do orixá, com tiras de couro com suas cores características, são elementos que complementam o emblema.

Obaluaiê é um orixá sentinela, guardião dos valores da tradição. A cor vermelha, que se constitui numa das suas cores, caracteriza por outro lado sua irmandade com Xangô, patrono das dinastias reais, orixá da justiça e harmonia social.

O Opa Exim se constitui em uma escultura que realça essa atribuição de guardião e sentinela de Obaluaiê. A continuidade dos valores da tradição é que garante os sucessivos ciclos de expansão das gerações.

O Opa Exim, a lança que se ergue do solo, é complementada por dois braços laterais, tendo na ponta dois pequenos pássaros, eyé meji, um de cada lado. Os pequenos pássaros também simbolizam os poderes de nossas mães ancestrais e aqui indicam progenie, expansão dos filhos, continuidade, ancestralidade e descendência.

Colocado no centro do Pelô, o Opa Exim Ati Eye Meji representa sem dúvida um marco de conquista de territorialidade, desdobramento de uma luta pelo direito de ser, de existir no ponto histórico originário da formação de nossa nacionalidade.

Essa luta hoje, sem dúvida, é a projeção de um passado constituído pela ancestralidade negra, atualizada no presente, lançada para o futuro...

GLOSSÁRIO

- *ABÁ* – Princípio de indução, de direção, sentido.
- *ABADÁ* – Peça de vestuário masculino característico dos nagô ou iorubá.
- *ABEBÊ* – Leque ritual integrante dos paramentos de alguns orixás. Possui forma arredondada, ventral. Simbolizando o ventre fecundado.
- *ABIÃ* – Nome atributivo daquelas pessoas que se situam no primeiro estágio de iniciação dos integrantes do ilê axé, isto é, casa de axé ou terreiro.
- *ABRIR CAMINHO* – Por meio de procedimentos rituais melhorar o destino, pessoal ou comunitário.
- *ACOCO* – Qualidade de árvore sagrada na tradição nagô.
- *AFIM* – Palácio onde mora o Obá, rei. Cada cidade e seu território correspondente tem o seu obá e seu afim na tradição do povo nagô.
- *AFONJÁ* – Um dos aspectos ou nomes do Orixá Xangô.
- *AFOXÉ* – Grupo carnavalesco satírico assentado na linguagem cultural irradiada dos terreiros.
- *AGBA* – Ancião ou anciã, usado também para adjetivar ancestral ou orixá. Ex.: Ia Agba, Baba Agba, Egum Agba, Exu Agba etc.
- *ÁGUAS DE OXALÁ* – Ciclo litúrgico que caracteriza o culto ao orixá Oxalá ou Obatalá.
- *AIÊ* – O mundo concreto, individualizado, o mundo.
- *ALA* – Extenso pano branco sob o qual os integrantes do terreiro se colocam buscando proteção durante as cerimônias das águas de Oxalá.
- *ALABÊ* – Senhor do agbe, cabaça instrumento que marca o ritmo dos atabaques. Título dos integrantes da orquestra ritual.
- *ALAFIM* – Senhor do palácio, título do rei de Oyó, capital política do império nagô-iorubá.
- *ALAGBA* – Título do líder mais antigo, membro de um terreiro de culto aos Egunguns.
- *ALAKETÚ* – Título dos reis de Ketú na Nigéria, reino de grande importância histórica e cultural para a tradição nagô no Brasil.
- *ALAPALA* – Nome de um dos mais famosos e tradicionais Baba Egum, ancestre masculino da religião nagô.

- *ALAPINI* – Sacerdote supremo dos terreiros de culto aos Egunguns.
- *AMBRÓSIO* – Famoso quilombo existente em Minas Gerais ao tempo da exploração de minérios na época colonial. O nome era uma referência a seu principal líder.
- *ASSENTO* – Local sacralizado pela presença de matérias-substâncias constituídas de axé.
- *ASSOGBÁ* – Sacerdote supremo do culto ao orixá Obaluaiê.
- *ATORI* – Qualidade de árvore sagrada de tradição nagô cujos ramos servem para fazer o ixã, instrumento litúrgico do culto aos Egunguns.
- *AXÉ* – Força circulante que movimenta o ciclo da vida.
- *AXÉ AIRA INTILE* – Nome inicial do primeiro e tradicional terreiro nagô implantado em Salvador, hoje conhecido por Ilê Iya Nassô ou popularmente por Casa Branca do Engenho Velho.
- *AXEXÊ* – Ciclo litúrgico em homenagem ao espírito de integrante do ilê axé falecido.
- *AXIPÁ* – Tradicional linhagem originária dos reinos de Oyó e Ketú e que possui um ramo familiar em Salvador. Alguns Axipá se destacam na vida sacerdotal referente a implantação, continuidade e expansão da tradição nagô no Brasil. Atualmente o Ilê Axipá localizado em Piatã concentra o maior legado religioso e cultural desta tradição mantida pelos seus descendentes.
- *BABÁ* – Significa pai em língua iorubá. Também refere-se aos ancestres e ancestrais masculinos, Baba-Egum.
- *BABA IAÔ* – Nome de um Baba Egum, ancestral, cultuado no Ilê Agboula na ilha de Itaparica. As músicas de seu ritual são cânticos para homenagear os caboclos.
- *BACABACÁ* – Nome de um Egum Agba, ancestre antigo do tradicional terreiro ilê Agboula situado em Ponta de Areia – Itaparica.
- *BALÉ XANGÔ* – Alto título da casa de Xangô no terreiro Axé Opô Afonjá – deriva da titulação de Balé, que equivale a Oba, rei, nas cidades nagô. Oba + ilé = rei, senhor da terra.
- *BAMBOCHÊ* – Título de alto sacerdote do culto do Orixá Xangô. No Brasil o Sr. Rodolpho Martins de Andrade foi um afamado Bambochê.
- *BANTU* – Nome genérico referente aos africanos originários do antigo império do Congo e outros povos do sul da África. A palavra de origem Kimbundo quer dizer seres humanos.
- *BARRACÃO* – Tradução de ilê nla, casa grande, local onde são realizadas as cerimônias públicas dos cultos afro-brasileiros.
- *BARROQUINHA* – Localidade de Salvador.
- *BENIN* – Antigo reino vizinho aos nagôs, iorubá. Também atualmente nome de um país, República Popular do Benin, antigo Daomé.
- *BOA VIAGEM* – Localidade de Salvador.

GLOSSÁRIO 185

- *BOMBOJIRA* – Entidade da tradição religiosa Congo-Angola no Brasil.
- *BORI* – Cerimônia litúrgica de fortalecimento da pessoa, bo + ori significa adorar a cabeça, fortalecer a cabeça.
- *CABOCLO* – Entidade de determinados cultos afro-brasileiros. Espíritos de indígenas cultuados como ancestrais fundadores de um território, os donos da terra brasileira.
- *CABULA* – Nome de antiga tradição religiosa de origem banto. Também nome de um bairro de Salvador onde se localizava antigamente um afamado Quilombo.
- *CAMBONO* – Título sacerdotal da religião da Umbanda.
- *CAMPO GRANDE* – Grande quilombo localizado em Minas Gerais ao tempo da exploração colonial.
- *CAPITÃO DO MATO* – Agente da milícia dos senhores de engenho que perseguiam os negros que se evadiam da produção escravista.
- *CARTA DE ALFORRIA* – Documento que dava ao ex-escravizado estatuto de liberto.
- *CARURU* – Comida que faz parte do culto e homenagem aos Orixás Ibeji, ibi + eji, nascido dois, gêmeos, símbolos de fertilidade na cultura nagô.
- *CASA BRANCA* – Denominação popular do Ilê Iya Nassô, tradicional terreiro da nação nagô em Salvador.
- *CAVALHADA* – Auto dramático que representa a luta de "cristãos" e "mouros", bastante popular no interior de Goiás.
- *CHICO-REI* – Líder legendário de comunidade de negros libertos em Minas Gerais no tempo colonial.
- *CODE NOIR* – Código de leis que regiam as relações escravistas nas colônias da França.
- *COMPANHIA DE REIS* – Ciclo de procissões e visitas entre integrantes de comunidades rurais que festejam a natividade com cantos propiciatórios e dramatizações, especialmente com referência do rei mago Baltazar. Culmina com a concentração de todos no local – casa do líder – onde está armado o presépio e acontece grande festa em 6 de janeiro.
- *CONCEIÇÃO* – Festa da Conceição, é o que se chama de festa de largo. Durante as celebrações católicas à N.Sª da Conceição em Salvador, o povo homenageia e comemora o devotamento aos princípios de fertilidade feminina representada pelo Orixá Oxum patrono das mães ancestrais.
- *CONGADOS* – Conjunto de autos dramáticos que culmina com a coroação dos reis do "Congo" durante as celebrações aos santos padroeiros, S. Benedito, N.Sª do Rosário, N.Sª de Aparecida etc.
- *CONGO* – Antigo império africano.

- *CONSAGRADA NO POSTO* – Todo título sacerdotal da tradição religiosa afro-brasileira é confirmado por obrigações religiosas e de publicidade da instalação no cargo ou posto. Essas obrigações consagram, tornam sagrado o exercício do poder hierárquico pertinente ao cargo.
- *CORTE DE XANGÔ* – Referência à hierarquia religiosa e aos portadores de títulos honoríficos referentes ao culto de Xangô, especialmente no terreiro Axé Opô Afonjá em Salvador.
- *CORTA BRAÇO* – Localidade de Salvador.
- *COSTA DA MINA* – Região da costa da África ocidental assim denominada pelos traficantes de escravos.
- *DAOMÉ* – Antigo reino africano de etnia fon, conhecido no Brasil por jêje.
- *EBÓ* – Oferenda ou sacrifício que realiza e promove a circulação de axé mobilizando as entidades do orum, do além, sejam os ancestres ou orixá.
- *EDUM ARA* –Pedras de raio, utilizadas no culto do Orixá Xangô, se constituindo como símbolo de matérias desprendidas de seu corpo, caracterizando aspectos de sua força, de seu axé.
- *EGAM* – Emblema indicativo de poder, emblema de axé, representado pela pena do papagaio vermelho – ecodidê. Paramento ritual.
- *EGUM AGBA* – Ancestres, espíritos antigos, fundadores e líderes do povo nagô.
- *EGUM IPORI* – Matéria ancestral que constitui os seres viventes no aiê, neste mundo.
- *EGUM OKULELE* – Nome de um ancestre masculino, Egungum, cultuado nos terreiros de Itaparica.
- *EGUNGUM* – O mesmo que Egum.
- *EIÉ MEJI* – Dois pássaros.
- *ELEFUNDE* – Título de honra das zeladoras de Baba Olukotun, o mais antigo dos Egum Agba.
- *ELEGBA* – Denominação de Exu, contração de Elegbara = ele + agbara = o senhor, o dono da força, do poder.
- *ENCARNAÇÃO* – Denominação de localidade da ilha de Itaparica, Bahia.
- *ENCRUZILHADA* –Lugar onde se cruzam caminhos e eventualmente são depositadas oferendas ao Orixá Exu senhor dos caminhos.
- *EQUEDE* – Título sacerdotal da tradição religiosa de culto aos orixá e voduns.
- *ERÊ* – Entidade que acompanha os iniciados no culto aos orixá de características infantis.
- *ERELU* – Título da sociedade Gelede que cultua os espíritos das mães ancestrais.
- *ERINDILOGUM* – Sistema oracular composto por dezesseis búzios mais um.

- *EXU* – Orixá da tradição religiosa nagô. Princípio de movimento, circulação.
- *EXU BARA* – Aspecto de Exu que caracteriza-o como oba + ara rei do corpo, responsável pela circulação de substâncias nas cavidades e vias internas do corpo.
- *EXU L'ONÁ* – Denominação de Exu, senhor, dono dos caminhos.
- EXU OBÉ – Aspecto de Exu que caracteriza-o como responsável pelas separações, obé significa faca. Essas separações podem ser do orum para o aiê, do além para esse mundo como, por exemplo, o corte do cordão umbilical representando o nascimento, ou do aiê para o orum, concretizado com o falecimento.
- *FECHAR CAMINHO* – Promover obstáculos ao desenvolvimento pleno do destino pessoal, grupal ou comunitário.
- *"FEITICEIRO"* – Personagem da Troça Carnavalesca Pae Buroko.
- *FESTA DO DIVINO* – Ciclo de procissões e visitas religiosas entre membros de comunidades rurais do interior do Brasil (Sudeste). A bandeira branca içada em mastros nas casas sinaliza a aliança comunitária.
- *GANGA ZUMBA* – Principal líder do reino dos Palmares antes de Zumbi no Brasil colônia.
- *GANTOIS* – Popularmente Gantuá, nome do local onde foi instalado um dos principais terreiros de Salvador. O local era um antigo sítio de um francês chamado Gantois.
- *GANZÁS* – Instrumento musical de origem bantu.
- *GELEDE* – Culto às Ia-Agba, às mães ancestrais. É uma sociedadde secreta feminina das mais famosas entre os nagôs. O nome Gelede caracteriza também os prosopons de madeira representando rostos de espíritos com esculturas de símbolos referentes aos princípios femininos da existência presentes nos seus rituais.
- *GINGA* – Movimento característico da capoeira. Talvez derivado do nome próprio Nzinga ou Ginga, afamada rainha do Ndongo (Angola) no século XVI que lutou contra a coroa portuguesa mantendo a independência do seu reino. Conhecida como a rainha invisível por suas táticas de guerra de movimento.
- *GIRAS* – Nome dos rituais componentes do calendário litúrgico da Umbanda.
- *GONGÁ* – Lugar de assentamento das entidades cultuadas nas tradições afro-brasileiras de origem bantu.
- *GUINÉ* – Nome genérico no período colonial para designar o local de origem dos africanos chegados ao Brasil. Região da África, atualmente nome de país africano.
- *IÁ AGBA* – Veneráveis mães ancestrais da tradição religiosa nagô.
- *IÁ EGBE* – Título feminino de grande significação dos terreiros de culto aos Eguns.

- *IÁ QUEQUERÊ* – Mãe pequena, título daquela que substitui eventualmente a Ialorixá e que a auxilia nas suas obrigações sacerdotais.
- *IALAXÉ* – Alto título feminino dos terreiros de culto aos orixás.
- *IALODÉ ERELU* – O título de Ialodé se relaciona a posição de chefia do corpo social comunitário feminino do terreiro, combinado com o título de Erelu reforça uma posição não só de poder social mas também de caráter profundamente religioso.
- *IALORIXÁ* – Principal líder sacerdotal do culto aos orixás.
- *IAMI* – Espírito ancestral feminino.
- *IANLÁ* – Grande Mãe.
- *IÁ NASSÔ* – Alto título feminino do sacerdócio a Xangô. É o título da zeladora da Xangô no afim, no palácio.
- *IAÔ* – Noviça, recém iniciada no culto aos orixá.
- *IBEJI* – Ibi + eji significa nascido dois. Os Ibejis são orixás símbolos de fertilidade. Se caracterizam como três. Os dois primeiros nascidos, gêmeos, e o subsequente, que são denominados Taiyó, Keiynde e Dowu.
- *IBIRI* – Emblema ritual pertencente ao culto ao Orixá Nanã Buruku representando princípio de restituição de existência.
- *IEMANJÁ* – Orixá patrono dos princípios femininos da existência relacionada às águas. De origem nagô, é muito popular no Brasil, onde é considerada patrona do mar.
- *IFÁ* – Sistema oracular característico do sacerdócio dos Babalaôs, Baba + awo, pai do mistério. Bastante divulgado em Ilê Ifé, cidade sagrada do povo nagô.
- *IGBIM* – Caramujo que faz parte das oferendas a Obatalá ou Oxalá. Também é o nome de um toque (música percussiva) executado pela orquestra ritual em homenagem a esse orixá.
- *IJEXÁ* – Grupo étnico nagô ou iorubá. Ritmo de música sacra do culto aos orixás, e também característico da música dos afoxés.
- *ILÊ* – Casa, ex.: Ilê Axipá, Casa Axipá, Ilê Ibó Aku, casa de adoração aos mortos etc.
- *ILÊ AGBOULA* – Nome de afamado terreiro de culto aos Egunguns localizado em Ponta de Areia, Ilha de Itaparica que tem o Egum Baba Agboula como seu patrono.
- *ILÊ AXÉ* – Casa de axé, casa de culto nagô. Ex.: Ilê Axé Opô Afonjá. Casa que concentra a força de Xangô Afonjá.
- *ILÊ AXIPÁ* – Nome de importante terreiro de culto aos Egunguns localizado em Piatã, Salvador, cujo nome homenageia a tradicional família Axipá.
- ILÊ IBO AKU – Casa de adoração aos mortos.
- *INICIADO(A)* – A pessoa que passa por rituais de iniciação que o integram ao corpo e hierarquia das irmandades das comunidades da religião tradicional africana.

- *INQUICE* – Nome das entidades dos cultos da religião tradicional africana das "nações" Congo e Angola.
- *IRMANDADE* – Grupos comunitários organizados nas igrejas católicas. Refere-se mais àquelas referentes aos negros.
- *IWA* – Princípio da existência.
- *JEJE* – Nome de nação de culto tradicional afro-brasileiro de origem daomeana.
- *KASSANJE* – Etnia bantu. Reino que compunha o antigo império do Congo.
- *KETÚ* – Reino do povo nagô. Grupo étnico que se detacou na implantação dos orixá no Brasil.
- *LAVAGEM DO BONFIM* – Originou-se da limpeza que as irmãs das irmandades católicas de negros faziam no altar da igreja do Senhor do Bonfim, em Salvador, todas elas integrantes da religião tradicional africana. Se popularizou e as autoridades da Igreja proibiram que continuassem, passando então a ser feita apenas no adro da igreja. Na ocasião ocorre a famosa festa de largo, em homenagem ao Senhor do Bonfim, simbolicamente associado a Oxalá.
- *L'ESE ORIXÁ, L'ESE EGUM* – Aos pés do orixá, ou aos pés de egum, no sentido de cultuar o orixá ou cultuar os eguns. Ditado que visa distinguir um culto de outro.
- *LIBAMBO* – Entidade da antiga religião do Cabula.
- *MACUMBA* – Palavra de origem bantu designando as cerimônias ou rituais da religião afro-brasileira. De início um dos antigos instrumentos da orquestra ritual.
- *MANI CONGO* – Título dos reis do antigo império do Congo.
- *MANIFESTAÇÃO* – Palavra muitas vezes usada para designar a ação de tornar ritualmente manifesto o orixá de uma pessoa.
- *MANIFESTADA* – Quando o orixá ou entidade se manifesta ritualmente na sacerdotisa.
- *MARACATU* – Auto-dramático e ritual que caracteriza a coroação de Reis no Recife-PE, durante as festas dos santos católicos padroeiros. Por razão de repressão da Igreja, passou a evoluir durante os festejos de carnaval.
- *MARINES* – Nome popular da corporação militar dos fuzileiros navais das forças armadas dos EUA.
- *MBUNDO JAGA* – Etnias que formavam o reino do Ndongo (Angola), Nbundo e Jaga.
- *MOÇAMBIQUE* – Auto-dramático religioso que integra o ciclo dos Congadas no Brasil. Povo do Sul da África. Nome de um país da África.
- *MOCAMBO* – Nome da irmã da afamada rainha Nzinga ou Ginga do Ndongo – séc. XVII.

- *MUNTU* – Forma singular de Bantu. Também significa força vital circulante, significação similar a axé.
- *NAGÔ-IORUBA* – Refere-se aos povos do antigo império africano cuja capital política era Oyó.
- *NDEMBO* – Um do povos do antigo império do Congo.
- *NDONGO* – Famoso reino do antigo império do Congo, localizava-se onde hoje é o país de Angola.
- *NGOLA KILUANJI* – Rei do Ndongo no início do século XVI.
- *NILÊ* – Da casa, do terreiro.
- *NUBIA* – Região da África do Norte.
- *NZAMBI MPUNGO* – Ser supremo. Deus, nas religiões dos povos componentes do antigo império do Congo e, em suas transposições no Brasil e nas Américas.
- *OBÁ* – Significa rei em língua nagô ou ioruba.
- *OBÁ BIYI* – Nome sacerdotal da Ialorixá Eugenia Anna dos Santos fundadora do tradicional terreiro Ilê Axé Opô Afonjá. Oba Biyi significa o rei nasce aqui. Em sua homenagem foi dado esse nome a um revolucionário projeto de educação pluricultural realizado pela Sociedade de Estudos da Cultura Negra no Brasil – SECNEB entre 1976-1986.
- *OBALUAIÊ* – Orixá nagô, Oba + olu + aiyê, rei dos espíritos do mundo. Obaluaiê comanda os espíritos realizando o princípio de restituição.
- *OBATALÁ* – Orixá nagô, pricípio arcaico da existência representado pelo ar. Princípio masculino da existência e da criação dos seres.
- *OBÁ TOSSI* – Nome sacerdotal da famosa sacerdotiza Ialorixá Marcelina da Silva, uma das fundadoras do terreiro ilê Axé Aira Intilé. Descendente da família Axipá foi ela quem iniciou a Ialorixá Oba Biyi, Eugenia Anna dos Santos, fundadora do Ilê Axé Opô Afonjá.
- *OBRIGAÇÃO* – Realização de preceitos e cerimônias litúrgicas da religião tradicional africana no Brasil.
- *ODARA* – Bom e bonito, útil e belo.
- *ODUM* – Ano, data de aniversário, data de comemoração.
- *ODUM XANGO* – Festival religioso anual em homenagem ao Orixá nagô Xangô, patrono do fogo.
- *OFURUFU* – Ar.
- *OGBONI* – Sociedade secreta do império nagô que congrega representações de diversos segmentos comunitários. Existiu no Brasil conforme documentação diversa.
- *OGÃ* – Titulo de honra masculino característico da tradição religiosa nagô.
- *OGUM* – Nome de orixá.

- *OIÓ ou OYÓ* – Cidade da Nigéria. Antiga capital do império nagô cujo orixá patrono é Xangô.
- *OIÓ MESI* – Corpo de conselheiros do Alafim, rei de Oyó.
- *OJÁ* – Pano, conforme a entonação também significa mercado, feira.
- *OJÉ* – Sacerdote do culto aos Egunguns.
- *OJÉ L'ADE* – Nome sacerdotal de um ojé.
- *OJIXÉ* – Mensageiro.
- *OJIXÉ EBÓ* – Mensageiro transportador de ebó.
- *OJO ODO* – Dia do pilão, dia consagrado ao festival religioso anual em homenagem ao Orixá Oxaguiã.
- *OJU* – Olhos.
- *OQUÊ* – Saudação ao Orixá Oxóssi.
- *OLOCUM* – Orixá patrono do oceano.
- *OLORI EGUM* – O cabeça dos Eguns, o mais antigo dos ancestres, é nome atributivo do afamado Egum Agba Baba Olucotum.
- *OLUCOTUM* – Nome do mais antigo Baba Egum, cultuado atualmente no Ilê Axipá em Salvador.
- *OLORUM* – Entidade que representa todas as dimensões do mistério da existência. Deus.
- *OPA* – Cetro.
- *OPA COCO* – Cetro feito do tronco da árvore sagrada Acoco e que caracteriza o assento coletivo dos Egunguns.
- *OPA EXIM* – Cetro de lança. *Opa Exim ati eie meji*, escultura do Mestre Didi Axipá, que significa cetro de lança com dois pássaros.
- *OPAXÔRO* – Cetro característico dos paramentos do Orixá Oxalá.
- *ORANIÃ* – Orixá do panteão do fogo. Considerado na mitologia nagô, pai do Orixá Xangô.
- *ORIQUI* – Poema laudatório.
- *ORIXÁ* – Entidades que governam as forças da natureza.
- *ORIXÁ FUNFUM* – Orixás da cor branca.
- *ORIXÁ ICÚ* – Orixá Morte.
- *ORIXALÁ* – O grande Orixá, o mesmo que Oxalá ou Obatalá.
- *ORUCÓ* – Nome. Refere-se também aos nomes recebidos pelos iniciados no culto nagô.
- *ORUM OSSÉ* – O além, o outro mundo. Preceitos semanais feitos aos orixás e aos egunguns.
- *OSSI* – Esquerda. Os ijoiê, títulos de honra de uma comunidade terreiro são ocupados por três personalidades, o titular e seu otum e seu ossi, o que está à direita e à esquerda respectivamente.
- *OSSI OJU OBA* – Título da casa de Xangô no ilê Axé Opô Afonjá. Oju Obá significa olhos do rei.
- *OTO EGUM, OTO ORIXÁ* – Afirmação para distinguir e delimitar práticas sacerdotais de culto aos eguns ou aos orixás.

- *OTUM* – Direita. Os títulos, ijoiê, são acompanhados dos otum e ossi, direita e esquerda do titular.
- *OXAGUIÃ* – Orixá funfum patrono do inhame novo.
- *OXALÁ* – Nome de orixá, contração de Orixá nla, o grande orixá.
- *OXÓSSI* – Orixá patrono dos caçadores.
- *OXUM* – Nome de orixá. Princípio feminino da existência representada pelas águas correntes.
- *PEJI* – Local onde estão os assentos dos voduns e também extensivo aos orixás.
- *PALENQUE* – O mesmo que quilombo. Termo aplicado e usado nas antigas colônias espanholas.
- *PALMARES* – Reino africano e quilombo que existiu na região de Alagoas no Brasil durante cerca de cem anos no século XVII. Constituído na maioria por pessoas originárias do antigo império do Congo.
- *PROSOPONS* – Palavra de origem grega, usada para representar as esculturas de madeira de rostos que compõem os paramentos de espíritos ancestrais no culto gelede, devotado às Ia Agba.
- *PUPA* – Vermelho.
- *QUILOMBO* – Acampamentos. Acampamentos militares da Rainha Ginga nas lutas do Ndongo contra a coroa portuguesa. Reinos, cidades e aldeias de negros no Brasil na época colonial.
- *QUILOMBOLA* – Integrante de um quilombo.
- *REI CONGO* – Instituição que se refere às Congadas no Brasil, alusiva ao império do Congo, especificamente ao Mani-Congo.
- *SOBA* – Líder de aldeias ou cidades no império do Congo.
- *SOYO* – Povo e região do antigo império do Congo.
- *TAIEIRAS* – Grupo que realiza auto-coreográfico e procissão religiosa característica de Sergipe.
- *TATA* – Chefe sacerdotal da tradição religiosa africana de origem bantu como o Omoloko, Tata Omoloko.
- *TERREIRO* – O mesmo que ilê axé, casa de axé.
- *TERREIRO DE EGUM* – Ilê axé onde se cultuam os espíritos dos ancestres masculinos.
- *TICUMBI* – Auto religioso que integra o ciclo das Congadas característico do estado do Espírito Santo.
- *TIO* – Tratamento afetivo característico da família extensa africana e que se divulgou no Brasil, especialmente na Bahia.
- *TOQUE* – Ritmo percussivo das orquestras rituais da tradição afro-brasileira.
- *TRONCO* – Instrumento de tortura onde se amarravam as pessoas para serem chicoteadas.
- *TUNTUM* – Nome de um povoado habitado pelos africanos na ilha da Itaparica.

- *UMBANDA* – Uma das religiões afro-brasileiras. Muito popular no Rio de Janeiro, S. Paulo, Minas Gerais etc.
- *VODUM* – Entidades da tradição religiosa jeje.
- *XANGÔ* – Orixá patrono do fogo e das dinastias reais do antigo império nagô-ioruba. Está relacionado a corrente ininterrupta da vida no aiê, neste mundo.
- *XAXARÁ* – Emblema integrante dos paramentos do orixá Obaluaiê, com que varre as doenças comandando os ancestres.
- *XERÉ* – Instrumento integrante do culto a Xangô.
- *XIRÊ* – Festa pública em homenagem aos orixás e aos Egunguns.
- *ZELADORA* – Aplicado àquelas sacerdotisas que cuidam dos assentos, paramentos, obrigações etc., referente aos cultos das entidades da tradição religiosa afro-brasileira.
- *ZUMBI* – Líder máximo do reino-quilombo dos Palmares após a retirada de Ganga-Zumba para a área do Cucaú.

INDICAÇÕES BIBLIOGRÁFICAS

Indicamos algumas fontes dos trabalhos publicados que poderão servir de novas referências aos nossos leitores.

Com referência aos aspectos históricos destacamos os livros de Carneiro, Edison, *Ladinos e crioulos*, Rio de Janeiro-RJ: Civilização Brasileira, 1964 e *O quilombo dos Palmares*, Rio de Janeiro-RJ: Civilização Brasileira, 1966; o ensaio de Cazimir, Jean, Estudio de caso respuesta a los problemas de la esclavitud y de la colonización en Haiti, in Fraginals, Manoel M (org.) *África en América Latina*, México: Siglo Veintiuno/Unesco, 1977; o livro de Chiavenato, José, *Genocídio americano*: a Guerra do Paraguai. São Paulo-SP: Brasiliense, 1983; a obra clássica de Cunha, Euclides, *Os sertões*, Rio de Janeiro-RJ: Francisco Alves, 1984, e ainda Genovese, Eugene, *Da rebelião à revolução*, São Paulo-SP: Global, 1983, Glasgow, Roy, *Nzinga*, São Paulo-SP: Perspectiva, 1982; Gorender, Jacob, *O escravismo colonial*, São Paulo-SP: Ática, 1978; Sodré, Nelson, W., *História militar do Brasil*, Rio de Janeiro-RJ: Civilização Brasileira, 1968, Vianna Fº, Luiz, *O negro na Bahia*, São Paulo-SP: Martins/MEC, 1976 e ainda os ensaios de Teixeira, Márli G. *Notas sobre o reino do Congo no século XVI, Afro-Ásia*, Salvador, CEAO-UFBA, 1967 e Azzi, Riolando, *Catolicismo popular e autoridade eclesiástica na evolução histórica do Brasil. Religião e sociedade*, Rio de Janeiro-RJ, 1977; Moura, Clóvis, *O negro, de bom escravo a mau cidadão*. Rio de Janeiro: Conquista, 1977.

Sobre afirmação dos valores religiosos, sugerimos: Aguessy, Honorat, Les religions africaines comme effect et source de la civilization de l'oralité. In: *Les Religions Africaines Comme Source De Valeurs De Civilization*, Paris, Presence Africaine, 1972; Lima,

Vivaldo Costa, *A família de santo nos candomblés jejé-nagôs da Bahia: um estudo de relações intergrupais*, Salvador-BA, UFBA, 1977; Neves, Guilherme, *Ticumbi*, Rio de Janeiro-RJ: Funarte, 1976; Nunes Pereira, *A Casa das Minas*, Petrópolis-RJ: Vozes, 1979; Santos, Deoscóredes e Santos, Juana, Religión y Cultura Negra in: Fraginals M. M. (org.) *África em América Latina*, México, Siglo Veintiuno, 1977; dos mesmos autores, o Culto dos Ancestrais na Bahia, o Culto Egun, in: *Oloorixá*, São Paulo-SP: Ágora, 1981; Santos, Deoscóredes, *História de um terreiro nagô*, São Paulo-SP: Max Limonad, 1988; Santos, Juana, *Os nagô e a morte*, Petrópolis-RJ: Vozes, 1976; Sodré, Muniz, *O terreiro e a cidade, a forma social negro-brasileira*, Petrópolis-RJ: Vozes, 1988; Verger, Pierre, *Orixás*, Salvador-BA: Corrupio-Faceba, 1981.

Com referência a eficácia e beleza indicamos Abimbola, Wande (org.) *Yoruba oral Tradicion*, Ibadan, Ibadan University Press, 1975; Ba, Hampeté, A Tradição Viva, in: *História geral da África*, v. 1, São Paulo-SP: Ática/Unesco, 1980; Luz, Marco Aurélio, *Cultura negra e ideologia do recalque*, Rio de Janeiro-RJ: Achiamé, 1983; *Cultura negra em tempos pós-modernos*, Salvador-BA: SECNEB, 1992, e ainda Luz, Marco Aurélio (org.) Cultura negra e as Semanas Afro-Brasileiras, *Revista de Cultura Vozes* (9) Petrópolis, Vozes, 1977, Santos M. Deoscóredes, *Contos de mestre Didi*, Rio de Janeiro-RJ: Codecri, 1981, *Por que Oxalá usa Ekodidê*, Salvador-BA: Faceba, 1982, Sodré, Muniz, *Samba o dono do corpo*, Rio de Janeiro-RJ: Codecri, 1979, *A verdade seduzida*, por um conceito de cultura no Brasil. Acrescentamos ainda Filho, Mário, *O negro e o futebol brasileiro*, Rio de Janeiro-RJ: Civilização Brasileira, 1964, Moura, Roberto, *Tia Ciata e a pequena África no Rio de Janeiro*, Rio de Janeiro-RJ: Funarte, 1983 e Muggiati, Roberto, *Rock, o grito e o mito*, Petrópolis-RJ: Vozes, 1973; Rego, Valdeloir, *Capoeira Angola*, Salvador-BA: Itapoan, 1968.

Sobre identidade negra e cidadania, indicamos: Bastide, Roger, *As Américas Negras*, São Paulo-SP: Difel/USP, 1973; Costa, Haroldo, *Fala crioulo*, Rio de Janeiro-RJ: Record, 1984; Luz, Marco Aurélio (ed) *Identidade negra e educação*, Salvador-BA: Ianamá, 1988; Moura, Clovis, *Brasil: As raízes do protesto negro*, São Paulo-SP: Global, 1983; Nascimento, Abdias do, *O genocídio do negro brasi-*

leiro: processo de um racismo mascarado, Rio de Janeiro-RJ: Paz e Terra, 1978; *Quilombismo*, Petrópolis-RJ: Vozes, 1979; Nascimento, Elisa, *Pan-africanismo na América do Sul: emergência de uma rebelião negra*, Petrópolis-RJ: Vozes, 1981; Santos, Juana (org.) *Democracia e diversidade humana, desafio contemporâneo*, Salvador-BA: SECNEB, 1992.

APÊNDICE

AS SEMANAS AFRO-BRASILEIRAS

As Semanas Afro-Brasileiras de 1974, promovidas pela Sociedade de Estudos da Cultura Negra no Brasil-SECNEB com o apoio do Centro de Estudos Afro-Asiáticos CEAA, do Conjunto Universitário Cândido Mendes, e do Museu de Arte Moderna do Rio de Janeiro e outras entidades, tiveram a coordenação-geral de Juana Elbein dos Santos e Deoscóredes Maximiliano dos Santos, marcando substancialmente a revisão conceitual em torno da tradição africana, e motivando a mobilização de um movimento que até hoje se estende no sentido de legitimar e divulgar os valores civilizatórios que fundamentam a cultura e a identidade profunda da mais importante parcela do povo brasileiro.

Num movimento espiralado, que iria se constituir na estratégia comunitária que hoje se expande, as Semanas tinham no âmago da tradição religiosa sua fonte de inspiração caracterizada por uma sóbria e contundente ilustração da arte sacra africano-brasileira, uma exposição que já havia percorrido diversos países da África, da Europa e da América do Sul, cujo principal acervo de peças era organizado por Juana Elbein dos Santos e Deoscóredes M. dos Santos, Mestre Didi.

Desde aí se desdobraram em torno atividades científicas e artísticas, como mesas-redondas de reflexão e debates, atividades musicais, como a adesão e participações importantes de músicos, programações de dança e dramatização, desdobradas e recriadas dos valores e linguagem da tradição, com a apresentação do auto coreográfico *Porque Oxalá usa Ekodidé,* texto de Mestre Didi, com a participação de integrantes do Ilê Opô Afonjá, como a saudosa Cincinha, e com a direção de Clyde Morgan, então trabalhando na Universidade Federal da Bahia-UFBA.

Em seu histórico do movimento negro contemporâneo, a saudosa Lélia Gonzalez e Carlos Hasenbalg, em seu livro *Lugar de negro*, baseando-se em depoimento de Carlos Alberto Medeiros afirmam:

> *As Semanas Afro-Brasileiras se realizaram, com exposição de arte-afro-brasileira, experiências de danças rituais nagô, de música sacra, popular e erudita, seminários e palestras, com a presença de 6 mil pessoas vindas de diferentes camadas sociais do Rio (Cadernos Cândido Mendes, Estudos Afro-Asiáticos, Ano I, nº 1, jan/abr. 1978). Exposição de arte sacra (objetos litúrgicos segundo modelos tradicionais Nagô/Yorubá), recriação de símbolos e arte popular, foi organizada por Juana E. dos Santos e Mestre Didi (o Assogbá Deoscóredes M. dos Santos, do Axé Opô Afonjá de Salvador). Antes de chegar ao Brasil ela fora apresentada em Lagos, Acra e Dacar na África, assim como em Paris, Londres e Buenos Aires. As Semanas foram decisivas para o movimento negro carioca.*

Um dos desdobramentos das Semanas foi uma publicação da *Revista de Cultura Vozes* (1977) a elas dedicada, e com uma série de entrevistas, das quais apresentaremos agora três delas, inclusive com Gilberto Gil, que participou de uma experiência musical com Jorge Ben, Macalé, e o conjunto Bahiafro dirigido por Djalma Corrêa com a participação de Vadinho e Dudu, alabês da comunidade-terreiro do Gantuá.

Pela importância das Semanas,[1] achamos conveniente incluir agora nessa edição do livro os depoimentos que se seguem.

---

1. Para maiores informações sobre as Semanas Afro-Brasileiras indicamos o livro da nossa autoria *Agadá, dinâmica da civilização africano-brasileira*, 1995, SECNEB/EDUFBA, pp.647 a 652 e *Revista de Cultura Vozes*, nº 9, 1977.

AGENOR MIRANDA

Entrevistado por Marco Aurélio Luz

O posto de Babalaô e a fidelidade de Agenor Miranda aos valores tradicionais da religião negra tornam seu nome conhecido e respeitado. Ele ressalta a importância dos estudos para o aperfeiçoamento do oluwo, e alerta para os perigos da comercialização dos elementos litúrgicos, que corrompe a seita e trai os valores sagrados.

MA – *Eu gostaria que o senhor falasse sobre sua posição sacerdotal no culto nagô.*

AM – Bem, eu tenho o posto de oluô no Axé Opô Afonjá. Fui feito por mãe Aninha e esse posto que tenho é um dos mais importantes da casa. Tanto para aquele que se inicia e precisa saber qual é seu orixá, como para a indicação da Ialaxé, é mister tarefa do oluô jogar o erindilogum ou ifá, que dará as indicações necessárias. Aqui, no Rio, estou presente nas iniciações de iaô, e na Bahia, este ano, fui eu que fiz o jogo para saber quem seria escolhido Ialaxé no Axé Opô Afonjá. Mãe Menininha foi convidada para assistir e tomar parte nesse jogo, mas sabendo que era eu quem iria ver, se escusou de ir dizendo que não precisava comparecer, pois depositava inteira confiança no meu jogo.

MA – *O que distingue, no conjunto do ritual nagô, a iniciação do oluô?*

AM – O oluô possui uma iniciação especial, pois além do conhecimento dos preceitos rituais, ele precisa saber os odus e os mitos que os acompanham, para poder interpretar o jogo. Não adianta apenas conhecer a mecânica do jogo, é preciso saber interpretá-lo corretamente, para o que se torna indispensável o conhecimento dos odus e dos mitos. Atualmente não conheço outro axé que possua esse posto. O Axé Opô Afonjá tem um Babalaô confirmado. Para ser oluô é preciso ter o dom. Não é toda pessoa que possui esse Dom, a prenda de vir a este mundo com esta qualidade. Vem com outras qualidades, mas para ser oluô tem de ter esse Dom especial. Além disso, só uma pessoa iniciada e conhecedora das funções do oluô pode revelar se alguém tem o Dom. Mesmo que tenha o Dom necessário, ainda terá que estudar muito.

MA – *O senhor conhece outros oluôs no Brasil?*

AM – É preciso distinguir oluô de Babalaô. Existem hoje alguns oluôs, mas Babalaô eu não conheço. Agora, entre os antigos, eu conheci Martiniano do Bonfim, Abede Felisberto, o Benzinho, Sanin, que era muçurumim, João Alaba e alguns outros. Mas eles não deixaram seguidores e suas casas de culto terminaram quando eles morreram.

MA – *O senhor tem discípulos?*

AM – Sim, tenho alguns e gostaria de destacar entre eles o Nilson de Ossaiyn, que tem uma casa de culto.

MA – *Em que medida o saber negro, cristalizado nos ritos e nos mitos, influencia a cultura brasileira?*

AM – A cultura negra, predominantemente religiosa, foi que permitiu ao antigo escravo superar a própria escravidão. A religião foi o maior legado de valores e conhecimento que os africanos trouxeram para o Brasil. A dignidade do negro sempre esteve apoiada na sua cultura, e principalmente na sua religião. Ela lhe permitia uma visão de mundo e uma concepção própria das leis do universo que regem a vida. Ela transmitiu um saber que marca profundamente a cultura do povo brasileiro. No entanto, é preciso tomar cuidado para que a religião negra não venha a virar comércio. Eu percebo que atualmente existem casas de culto que se deixam acomodar, e traem os valores originários do sagrado pelo valor do comércio. Uma coisa é encontrar formas paralelas de existência econômica da seita, e outra é vender os próprios elementos litúrgicos, corrompendo os valores tradicionais da seita, os valores sagrados.

MA – *O senhor assistiu à exposição das Semanas Afro-brasileiras?*

AM – Sim, eu fui uma vez e percorri detalhadamente a exposição com a Juanita, a quem muito prezo e respeito. Achei o acervo de arte sacra realmente formidável. São peças muito antigas e algumas eu já conhecia de certa feita no Gantuá. Elas mostram até que existiram instituições negras no Brasil que nunca foram faladas. Até mesmo a existência no Brasil de povos como os Benin é caracterizada por aqueles objetos. Além disso, a exposição era bem sistemática. Os objetos expostos tinham uma conexão, faziam parte de um sistema.

MA – *O senhor achou essa experiência positiva?*

AM – Eu achei formidável. Muita gente vai ao candomblé e fica apenas entretida com as danças, a música, as comidas e, às vezes, ainda fantasiando as coisas. Não percebem que é um sistema estruturado, uma cultura tão rica. Onde não há um sistema as coisas se diluem. Ali, na exposição, era dada a idéia de um sistema, ou seja, do sistema nagô, do sistema negro. Eu achei que foi uma ótima iniciativa, sem ter traído ou deformado nada, apresentando os símbolos originários numa forma de divulgação moderna.

MA – *Qual a sua opinião sobre as esculturas de Mestre Didi?*

AM – Didi é realmente um mestre. Suas esculturas mostram o excelente artista que é. Ele tem o dom da arte, é um artista nato. Não precisou cursar nenhuma escola de arte para projetar sua capacidade. Sua criação é negra de origem. Ele fez umas esculturas de Ossâim maravilhosas, modernizando a arte negra sem deformá-la. Encontrou uma maneira de adaptar as formas originárias rituais, numa concepção que não trai os fundamentos da estética tradicional. Sem dúvida, o trabalho artístico de Didi é uma evolução nas concepções estéticas ligadas à escultura, no âmbito da cultura negra.

MA – *O senhor conhece outro artista neste campo de criação estética?*

AM – Não, na verdade não conheço. Uma vez, na Bahia, eu vi um painel feito pelo Caribé, onde estavam representados os orixás. Era um trabalho feito para o Banco da Bahia. Eu acho é que o Caribé teve a sua escola e aprendeu sua arte fora do terreiro. Já Didi é um artista nato que adquiriu as formas de elaboração estética no próprio terreiro. Eu dou mais valor, nesse caso, ao trabalho de Didi. Pode haver gente que pense diferente, mas as obras de Didi têm um significado bem maior para mim.

MA – *O senhor lembra do conto narrado por Didi, Por que Oxalá usa Ekodidé, que foi mostrado na exposição?*

AM – Sim, eu lembro e lamento que este livro tenha tido uma edição tão restrita. Eu mesmo não tenho um exemplar e gostaria muitíssimo de ter. Os contos narrados por Didi, para os que não conhecem os fundamentos da seita, podem parecer banais ou infantis. Porém, para mim e os que conhecem, são bastante familiares e de inestimável valor. A maioria deles é formada por mitos que compõem o sistema e se ligam aos odus. Didi foi muito inteligente em publicá-los na sua forma de narrar, sem classificá-los. Assim, pode tornar público o valor da sabedoria nagô, sem trair os segredos que envolvem o conhecimento dos mitos, quando se combinam com os odus. Quanto ao painel com o mito narrado "Por que Oxalá usa Ekodidé", como não podia deixar de ser, também acompanhando o sistema, ilustrava muitíssimo bem um elemento de fundamento e arte que a exposição queria divulgar. E você vê que essa forma de literatura é mais um aspecto da combinação do tradicional com o moderno, sem deformações. Foi por tudo isso que eu achei a exposição uma maneira atual e moderna de divulgar e ilustrar os valores de nossa cultura, sem prejudicar a tradição. Foi uma oportunidade de reflexão para todos aqueles que participam da cultura negra em maior ou menor grau.

MA – *Eu agradeço sua atenção e palavras de incentivo.*

AM – Eu nunca dei entrevista a ninguém, e só o fiz agora pela grande consideração que tenho por Didi e Juanita.

NUNES PEREIRA
Entrevistado por Marco Aurélio Luz

Pioneiro dos estudos negros no Brasil, Nunes Pereira analisa o valor de *A Casa das Minas* na época de sua publicação, e fala da importância de acontecimentos como a exposição no MAM. Para ele, a afinidade entre a vida religiosa e a arte de Mestre Didi distingue seu trabalho dos que buscam a religião negra apenas como motivo de inspiração.

MA – *Como o senhor tomou conhecimento das Semanas Afrobrasileiras?*

NP – Eu recebi uma carta do Verger, dizendo que o Didi e a Juana estavam preparando a exposição.

MA – *Em que medida esta exposição lhe trouxe uma contribuição?*

NP – Ela me possibilitou uma visão de conjunto. Acredito, no entanto, que para o público em geral faltaram maiores explicações.

MA – *Essas explicações viriam através de seminários já programados pelos organizadores, mas infelizmente os seminários foram proibidos. De qualquer maneira, foi a primeira exposição de cultura afro-brasileira no MAM.*

NP – É, o preconceito está latente e isso é terrível.

MA – *Os trabalhos de recriação musical realizados pelos alabês[1] e as sacerdotisas, até mesmo a dramatização de um mito de Oxalá, lhe pareceram válidos como forma de divulgação da cultura negra?*

NP – Sim, porque as pessoas poderão aprender através deles o quanto há de artístico no culto dos orixás ou dos voduns. Isso deveria ser ampliado, para que os interessados em arte viessem a

---

1. Alabê é o componente da orquestra ritual.

conhecer as manifestações negras no campo da dança, música e artes plásticas. Quanto à roda onde os orixás exibiam seus trajes e adereços próprios, eu acho que faltou explicações, porque só ali não era possível saber da expressão de suas danças.

MA – *Eu penso que o senhor não deve ter então assistido ao balé do grupo de dança contemporânea da UFBa, na representação do mito transcrito por Didi, "Por que Oxalá usa Ekodidé".*

NP – É, eu não assisti.

MA – *Para quem não pôde acompanhar toda a programação, somente visitar a exposição, ficava muita coisa sem a dinamização que era dada pelas Semanas, integradas na exposição. Em relação à roda dos orixás, por exemplo, uma sacerdotisa se apresentou com o grupo de dança, e esse espetáculo por si só já foi bastante explicativo do que estava exposto.*

NP – É verdade. Em relação à exposição propriamente, eu acredito que a visão de conjunto que ela me deu eu não tinha. A não ser da casa de Mãe Andreza (Maranhão) e uma saída de iaô assistida na casa de Valentina (Bahia, Bogun), onde havia uma dançarina formidável. A exposição no MAM me deu portanto uma coisa preciosa, que foi essa visão ampla e de conjunto.

MA – *O senhor acha que os aspectos estéticos da cultura negro-brasileira estão vinculados primeiramente à religião?*

NP – Acho. Desde os quatro anos de idade que eu ia com minha mãe a essas festas religiosas. Não perdia uma.

MA – *As peças expostas por Didi são recriações de objetos de culto. O senhor concorda com essa maneira de divulgação da cultura negra?*

NP – Sim, porque essa recriação artística pode nos levar a uma participação e a um interesse maior nos estudos religiosos e na vasta simbologia existente na cultura negra. A maioria das peças apresentadas não era conhecida por mim, somente algumas me tinham sido mostradas por Verger. Eu tenho uma escultura de uma serpente Dã,[2] muito bem definida na obra de Herskowits.

---

2. Dã é um dos voduns do panteão do Daomé.

MA – *Mas essa escultura é de ritual ou já é uma recriação?*

NP – Não, ela é de ritual. Um africano não usaria uma peça assim na casa dele.

MA – *Em termos de uma avaliação antropológica, qual a diferença entre o trabalho de Caribé e o de Didi?*

NP – Todas as manifestações de cultura negra, música, dança e arte em geral, estão ligadas a uma expressão religiosa. Assim, a responsabilidade de manter toda uma rica e complexa tradição, deixada a Didi por Senhora, sua mãe de sangue, confere um credenciamento muito grande ao seu trabalho artístico. Sua ascendência, formação cultural e função sacerdotal vão sempre distinguí-lo de outros artistas que buscam inspirar-se num motivo religioso negro. Eu já estive na casa de Caribé e conheço bem suas obras. A diferença entre o seu trabalho e o de Didi é marcante. Eu acho que a vida de Didi, tão rigorosamente voltada para a religião, para o ritual, para atender aos que o procuram, permite que ele transmita uma formidável força mística para o seu trabalho. Didi recria uma forma que faz parte de sua vida, daí uma autenticidade muito grande. Já o artista de formação européia, como o Caribé, procura utilizar-se de um motivo religioso, o que é bem diferente. Na obra de Didi, a afinidade entre uma formação religiosa e o motivo artístico permite uma continuidade sempre em busca da transmissão de uma herança cultural. Não é como o artista em geral, vender suas peças, ou então em encontrar mais um meio de expressão artística.

MA – *O senhor assistiu a outros acontecimentos similares às Semanas de Cultura Afro-brasileira?*

NP – Não, nunca. Didi e Juanita têm um acervo verdadeiramente surpreendente, e eu consegui informações de um aspecto da cultura negra na Bahia, o religioso, que eu não tinha. Seria interessante que essa exposição pudesse ser feita em outros estados: Pará, Amazonas etc., e fiz esta sugestão a Didi e Juana. A cultura negra nos estados do norte sofreu a influência da Casa das Minas muito mais do que qualquer outro Kerebetan da Bahia. Assim, existem diferenças marcantes. Se uma amostra como essa feita no MAM fosse levada ao Maranhão, por exemplo, certamente traria muita informação sobre religião negra na Bahia.

MA – *O senhor conhece os contos de Didi?*

NP – Não, isto é, conheço o conto que vi na exposição e também na casa dele.

MA – *O que o senhor pensa dessa forma literária?*

NP – Eu tenho um livro de contos africanos e acho muito interessante. A maneira como Didi narra as histórias, a construção das frases com um sentido subentendido, todo aquele ritmo como se fosse uma toada é realmente muito diferente da narrativa ocidental. Eu gostaria de ter os contos de Didi para poder comparar com outros recolhidos por Herskowits, que eu consegui na biblioteca de São Paulo.

MA – *O senhor conhece outras pessoas no Brasil que se expressem neste gênero de narrativa?*

NP – No Maranhão, minha terra, tem um negro que narra assim. Um jornalista em São Luís recolheu alguns contos narrados, que, segundo o costume, só os iniciados escutam. Mas ele era íntimo de Mãe Andreza e conseguiu ouvir. Não se costuma narrar esses contos porque eles contribuem para compreender os mistérios do culto, e realmente levam à compreensão de certos rituais, certas comidas.

MA – *Quais seriam hoje os problemas da antropologia negra?*

NP – Entre nós?

MA – *Sim, entre nós.*

NP – Bem, eu acho surpreendente vocês aqui falando sobre aspectos culturais negros. São raras as publicações sobre o assunto, principalmente em relação à arte negra. Eu mostrei um livro americano que tratava de música negra a uma maestrina e ela achou tudo muito difícil, não conseguiu entender como grafar a música. Era preciso alguém que registrasse a música jeje ou outra africana. Sem falar no problema da formação de orquestras religiosas e na necessidade de pessoal falando iorubá. Como se vê, eu acho que os estudos negros no Brasil enfrentam muitas dificuldades: falta de publicações, de gente interessada em se dedicar a conhecer a cultura negra, enfim, muita dificuldade. Eu estou disposto a ir à África e, ao chegar a um centro religioso, ficar para fazer um estudo comparativo. Alguma coisa como o que fez o Verger.

MA – *Quer dizer que sem essa vivência a antropologia não tem eficácia?*

NP – De certa maneira, sim. Certas conclusões só podem ser tiradas pela experiência, quando se vai às origens da pesquisa.

MA – *No Brasil, quem esteve mais próximo dessa vivência?*

NP – Não conheço ninguém no Brasil que tenha chegado próximo dessa vivência.

MA – *Os trabalhos que se fizeram aqui foram então distanciados de uma realidade?*

NP – É...

MA – *O senhor conhece o trabalho de Juana?*

NP – Não, não conheço. Espero voltar à Bahia e ir à casa de Didi. Eu conheci uma pesquisadora americana na Casa das Minas que perguntou à Amância por Sogbó, bateu um pouco no tambor e cantou vários cânticos. Na reedição do meu trabalho eu faço uma nota sobre a autenticidade dessa pesquisadora.

MA – *O que é Sogbó?*

NP – Sogbó é um dos voduns do panteão religioso do Daomé, similar a Xangô no panteão nagô.

MA – *Como o senhor vê, hoje, o valor que A Casa das Minas possuía na época de sua publicação?*

NP – Na época, foi um livro de grande pioneirismo, elucidativo em muitos aspectos, mas era uma obra incompleta. Foi bastante útil, mas não era a última palavra. Eu acho que me faltaram muitos dados também.

MA – *E essa segunda edição?*

NP – Nessa segunda edição, eu acrescentei muita coisa. Veja, por exemplo, o livro de Otávio Eduardo. Mesmo na época de sua publicação já era uma coisa preciosa, mas ele teve orientação de Herskowits, recebeu muita informações de Maneco, tocador de tambor, e Runito, um iniciado. Eu não pude registrar muitos dados por falta de uma orientação. Eu recolhia material sem encontrar uma linha que me permitisse ampliar a pesquisa. Sentia a falta de uma iniciação, mesmo porque minha mãe não podia me dizer muita coisa que só os iniciados ouvem.

MA– *Em A Casa das Minas há uma passagem onde o senhor indica uma posição etnocêntrica de Arthur Ramos na interpretação do transe, quando ele o aproxima da crise histérica ou algo semelhante. O senhor punha em dúvida esta interpretação feita através dos cânones da psiquiatria e da psicanálise, como os entendia Arthur Ramos?*

NP – É. Minha mãe quando era tomada pelo santo, Polibogi, ganhava um conhecimento e podia assimilar coisas que deixavam admirado um tio meu, homem profundamente culto. Ele não podia entender como uma pessoa, não tendo nem o primário completo, podia falar de tantos assuntos que ignorasse totalmente quando fora de transe.

MA – *O senhor não acha que a antropologia não tinha elementos para avaliar esse fenômeno, a menos que traísse o simbólico da casa?*

NP – Sim, acho. O próprio Bastide me disse uma vez que as conclusões dele e do Arthur Ramos dependiam de outras verificações. Bastide, profundo conhecedor de psicanálise, achou que não havia nas verificações de Arthur Ramos elementos capazes de levar o autor às conclusões que chegou sobre o transe. Bastide gostava de conversar com minha mãe e minha tia sobre essas demonstrações do poder religioso, o poder superior e extraordinário dos voduns. Minha Tia Aída, por exemplo, era uma mulher muito fina e educada, mas, de posse do vodum Averekete, fazia coisas violentíssimas. Certa vez, foi seguida por um homem que a importunou até o momento em que ela entrou em transe e lhe deu muita pancada, jogando depois o sujeito num lago.

MA – *O senhor vê alguma possibilidade de intercâmbio entre a linguagem dos terreiros, das instituições negras e ameríndias com a universitária?*

NP – Não, é um código totalmente diferente, desorientador.

MA – *A Casa das Minas, em termos de estilo, maneira de comunicação, está dirigida para qual público?*

NP – Eu acho que não houve essa preocupação na época e hoje é difícil falar numa faixa de público. Eu não tive uma orientação universitária, o que aprendi quando escrevi *A Casa das Minas* foi ouvido de Mãe Andreza e minha Madrinha Almerinda. Eu me lembro agora do Nimuendaju, respondendo ao Arthur Reis sobre o convite para dar um curso na Universidade. Ele disse que o que sabia, tinha aprendido com os índios numa esteira, e que se quisessem, ele podia levar a esteira para a classe, estendê-la e conversar com os alunos sobre o que tinha aprendido.

MA – *Qual a motivação para que o senhor escrevesse* A Casa das Minas*?*

NP – Eu não diria que foi uma imposição de minhas origens. Eu acho que nasceu mais da amargura de ver relegado um centro de religiosidade tipicamente negro. Se eu tivesse recursos, levaria Amância e outras do culto à África, já que talvez seja o único meio de salvar o que ainda existe.

MA – *O senhor acha que muito do valor de obras como* A Casa das Minas *estaria no fato de chamar a atenção dos brasileiros para um aspecto de sua autenticidade?*

NP – É claro. Uma das coisas que mais me inquieta é a falta de amparo aos que se dedicam à antropologia. Todos esses Conselhos e Conselheiros de Cultura não se aperceberam da necessidade e importância da antropologia para o conhecimento dos problemas sociais e culturais. Sem falar em outros problemas, como eu sinto que Didi e Juanita enfrentam na Bahia, como a pressão de grupos concorrentes. Eles incomodam muita gente com seus trabalhos...

MA – *Eu acho que o que deve incomodar no trabalho deles é o compromisso em estabelecer com a sociedade global uma comunicação autêntica com aquilo a que o terreiro aspira, com o que é. Como o intelectual acredita muito no livro, na escrita, qualquer coisa que escape a essa forma de expressão é considerada ameaçadora.*

NP – Deve até ter um caráter de hostilidade... O antropólogo, que fala de dentro do grupo sobre o qual pesquisa, sofre muitas transformações, seu trabalho é muito doloroso.

MA – *Bem, eu acho que levantar os problemas que o senhor colocou, e incentivar respostas às preocupações de que nos falou aqui, era um dos objetivos das Semanas Afro-brasileiras. Estou satisfeito em sentir uma grande identificação com o senhor, que é um dos pioneiros dos estudos negros no Brasil.*

GILBERTO GIL
Entrevistado por Marco Aurélio Luz

MA – *Eu lhe perguntaria primeiro como você tomou conhecimento das Semanas Afro-brasileiras e da exposição de arte sacra negra?*

GG – Foi através de Didi e de Juanita. Eles me contaram na Bahia que tinham a intenção de fazer um encontro relacionado com a cultura negra e a arte negra. Perguntaram se eu gostaria de participar e eu achei legal, bacana, porque o trabalho de Didi é muito interessante e muito importante. O de Juanita também, um trabalho muito rigoroso de um outro ponto de vista. Ela é uma pesquisadora lúcida e aberta. Então eu achei legal.

MA – *Você chegou a ver a exposição?*

GG – Eu vi a exposição muito rapidamente no MAM e depois em São Paulo (Anhembi) na Feira da Bahia. Vi e achei muito bonita, com uma série de símbolos esculpidos, coisas antigas negras do Brasil, as indumentárias, muito bonito...

MA – *Você acha que ela lhe trouxe uma informação nova em termos de cultura negra?*

GG – É, um pouco. Eu já tinha visto outra exposição ligada ao culto negro. Uma vez no Unhão, Museu de Arte Popular,[1] que tinha uma parte grande dedicada a toda essa coisa de arte negra na Bahia, ligada evidentemente ao culto e aos aparatos ritualísticos da religião. E foi muito interessante. Na época, foi a primeira coisa que eu vi dos trajes dos orixás, dos instrumentos. Eu já tinha visto

---

1. A exposição a que Gilberto Gil se refere constituía o "Setor Afro-baiano" e foi organizada pelo próprio Didi – Deoscóredes M. dos Santos – em 1965.

na Bahia, de modo que em termos de abertura panorâmica em torno do espaço cultural negro, essa exposição talvez tenha sido mais marcante para mim. Mas a exposição do Didi é alguma coisa assim mais cuidada, mais sofisticada, e mais profunda. Porque ele se dedica exclusivamente a isso e é imbuído da função dele, como elemento de ligação entre a tradição e as comunidades. Do ponto de vista legal mesmo, institucional do terreiro Axé Opô Afonjá, onde ele tem uma função sacerdotal. Então ele leva muito a sério isso... não tenho dúvida.

MA – *Você já estava então familiarizado com o aspecto estético, artístico da cultura negra através do culto religioso?*

GG – Já, mais ou menos, é evidente. Primeiro, porque na Bahia eu era muito ligado a todas essas coisas. Não diretamente, mas por força de polaridade, de magnetismo relativo a certas áreas, como o turismo. Eu estava próximo da coisa do terreiro, que se fazia presente através de elementos comuns no teatro, na música. Então, desde adolescente já conhecia Valdeloir Rêgo, o gravador de Santo Amaro que agora esqueço o nome,[2] e uma série de pessoas que estavam ligadas à música e à cultura negra. O Reitor Edgar Santos...

MA – *Você ia ao terreiro?*

GG – Não, eu não ia ao terreiro. Mas é por isso que eu digo, eu conhecia tudo aquilo do terreiro que saía pra cultura popular e artes plásticas. Quase num nível tão respeitoso de divulgação quanto num nível mais vulgar de "folclorização". Tudo isso chegava até nós em Salvador e era essa "ambiência atmosférica" que eu tinha. A primeira vez que eu fui a um terreiro, foi ao terreiro de Egum na ilha de Itaparica. Mais tarde fui a São Gonçalo, ao Axé Opô Afonjá.

MA – *Isso foi quando?*

GG – Isso foi agora, há dois ou três anos.

MA – *Foi antes ou depois da exposição?*

GG – Foi antes, alguns meses antes.

MA – *Você acha possível uma recriação profana da música sacra na faixa em que você exerce, meio ligado à cultura popular e*

---

2. O gravador de Santo Amaro é Emanuel Araújo.

ainda ligado à cultura de massa através do disco, do show? No ambiente em que você produz, através dos canais que utiliza, é possível uma criação a partir da cultura popular, cuja divulgação fique vinculada à cultura de massa?

GG – Primeiro, eu acho que essa coisa hoje, o divisor de águas entre esses dois espaços, é muito difícil de estabelecer. Assim, no Rio, São Paulo e Salvador, cultura de massa e cultura popular estão cada vez mais misturadas mesmo.

MA – *Nesse caso, a música sacra dos terreiros seria a marca desse divisor de águas, isto é, a música das casas mais tradicionais, que não estão ligadas a esses dois circuitos a não ser indiretamente?*

GG – É o que escoa dali pra fora.

MA – *Você vê uma aproximação mais direta com a música de culto, o conjunto de Djalma Correia (Bahiafro), por exemplo, fazendo uma recriação melódica, rítmica, como uma possibilidade de trabalho pra você?*

GG – Claro que é possível você fazer um estudo, um recolhimento de material básico de música sacra negra, música de culto, de terreiro. Claro que você pode recriar em vários níveis: nível sinfônico, camerístico, regionalista, cânticos de coros, reproduções primárias e diretas com o que se apresenta próximo ao próprio terreiro. Mas a formação da alma brasileira, dos arquétipos negros ligados ao canto e à dança, às manifestações lúdicas, ligadas evidentemente à religião e ao culto dos orixás se apresentam já como uma resultante, numa manifestação do que a gente chama de cultura popular. Então, a maioria dos gêneros de música brasileira vem diretamente dos toques, dos cânticos. Maracatu, samba, jongo, coco, cateretê etc. são música negra, com nomes vindos das línguas africanas faladas pelas primeiras comunidades a se instaurarem aqui no Brasil. É tudo uma adaptação pra moldes urbanos de um toque daqueles que vêm lá da comunidade de culto, e isso não é só no Brasil. Em Cuba, em todo o Caribe a música é isso. O calipso, o mambo e o bolero são toques de orixá. É difícil você pensar na necessidade de uma utilização sistemática da coisa para revelá-la. Acho que ela já é muito revelada inconsciente e conscientemente também. O samba na alma brasileira, sendo negro, vem da religião negra também.

MA – *Você veria uma distinção entre o samba urbano e o samba de roda cantado em Salvador e no Recôncavo? Eu percebo o samba de roda como uma recreação da qual as pessoas participam diretamente e acabam todas se integrando à roda. Esse samba comunal, originário, seria também o samba de morro carioca, o partido alto.*

GG – O coco do norte também é assim, a mesma coisa. Roda, palmas, uma repartição de responsabilidade funcional por todos os elementos. Cada um funcionando ordenadamente não é a mesma coisa...

MA – *Esse samba comunal é produzido naturalmente. Assim, quando o sambista de morro no Rio foi sondado pra vender um samba, ele não entendeu como poderia vender algo que fazia parte da roda e era cantado por qualquer um do morro, não é? Depois era cantado durante o carnaval, na Praça XI. Os compositores e a comunidade podiam levar seus sambas pra exibir aos grupos que se aglutinavam ali. Na passagem do samba e outros gêneros pra cultura de massa, observamos uma adaptação pra classe média. O samba passa a participar do rádio onde já entra com outros instrumentos, como o pandeiro, viola, cavaquinho, violão...*

GG – Banjo, clarinete... Houve uma adaptação paralela à que os negros tinham feito na América. O início da música de massa no Brasil, através de instrumentos brancos, com Pixinguinha, João da Baiana, Donga e todo o pessoal do início do século é influenciado pela formação do jazzband. Os conjuntos brasileiros se formam na base dos instrumentos de madeira, metal. É trombone, trompete, banjo, como nos EUA...

MA – *Os negros americanos, não podendo tocar os atabaques, transformam os instrumentos brancos com uma característica rítmica própria. No Brasil, seria essa manifestação também resultante de uma repressão?*

GG – Eu não sei. Não conheço bem a história da repressão aos folguedos negros, ao musical, à "ópera negra" no início do século no Brasil. Conheço passagens a respeito do maxixe, por exemplo, que foi denunciado como obsceno por Rui Barbosa, e seus dançarinos acusados de atentarem contra o poder público. Tentaram proscrever o maxixe que era um ritmo de origem negra. Sei também da repressão aos capoeiristas, da reação do mundo branco aos jogos, danças e músicas que eu chamei de "ópera negra" do início do século. Mas não me parece que a coisa possa ser vista como nos EUA. Os negros aqui tinham mais liberdade de tocar e cantar e de uma certa forma isso era até apreciado pelos brancos. O negro americano, não podendo cantar o seu canto nas fazendas de algodão, procurou cantar imitando uma forma branca.

MA – *Você acha que aqui, em vez de ser pressionado pelo sistema para vender seu samba, o compositor por si mesmo resolveu fazer samba para o rádio?*

GG – Mas isso é claro. A casa Edison começou nos anos 20 e foi pegando o pessoal. Donga, Pixinguinha e João da Baiana estavam gravando desde o tempo da casa da tia Ciata. Enquanto os jovens ainda rondavam aquela casa, eles já estavam gravando. Aqui foi bem diferente, quer dizer, eu tenho a impressão que a coisa aqui já começou a nível de aculturamento das coisas negras. A passagem das coisas negras para o instrumental branco, o *modus operandi* da música branca, já se deu com o advento da industrialização, da divulgação da música de massa.

MA – *Você acha que apesar dessa adaptação foi mantida uma característica marcante ligada àquelas raízes?*

GG – Acho, sem dúvida. Mais ainda que nos EUA, de certa forma por causa da liberdade religiosa que foi mantendo a tradição. Por isso, até hoje, qualquer jovem mais informado pode identificar claramente as características básicas, primitivas de nossa música. Ainda que não possa denominar porque desconhece os nomes de cada ritmo. Se alguém ouve o afoxé, o ijexá ou as batidas-congo ligadas ao maracatu identifica como sendo uma coisa de raiz negra, ou melhor, uma coisa negra de raiz. Nos EUA não se dá isso, pelo menos de modo geral.

MA – *Eu acho que no Brasil, a adaptação negra dada a esses instrumentos brancos seria algo mais desejado, uma alternativa mais livre, mesmo melodicamente. Porque o jazz, como única saída para o negro americano, me parece, até melodicamente, algo rebelde às regras musicais brancas de então.*

GG – Mas de certa forma rebelde a partir delas, tendo nelas a única escolha. A princípio, os negros pegavam naqueles instrumentos para tocar as marchas militares que as bandas brancas tocavam em desfiles pela cidade. Então, quando os negros tinham acesso a esses instrumentos, eles tentavam um mimetismo do que os brancos faziam, uma coisa assim de moleque de rua que acompanha a banda tentando tocar um trombone imaginário. Quando ele pegava o trombone tentava fazer o que o branco fazia, mal evidentemente, levava o seu elemento real, concreto, quer dizer, não podia usar uma forma idêntica à do branco porque ele era negro e tinha outra cultura musical. O jazz é bateria, e esse ritmo todo o que era? Tentando imitar a marcha militar, o negro colocava toda uma onomatopéia, uma polivalência rítmica que vinha de seu mundo e não existia no mundo branco.

MA – *O conjunto regional, viola, cavaquinho, pandeiro, já caracterizava marcadamente a música popular adaptada de bases negras, não é?*

GG – É, o violão...

MA – *Na época em que a música popular, já misturada com a cultura de massa, atingia o público das universidades, vocês (Gil, Caetano) introduziram instrumentos elétricos nessa música, o que gerou uma polêmica.*

GG – Uma discussão muito grande na época. Mas uma bobagem, porque o rock tinha sido um movimento musical eminentemente negro, feito com instrumentos elétricos pelos negros dos EUA, Little Richard, Chuck Berry, os *bluemen* de Chicago, Albert King, Baby King e outros provocaram essa transição do *blue* para o *rytm'n blues* até chegar ao rock. Foi uma coisa feita exatamente num sentido antropofágico. O negro chegava nos lugares e tomava os instrumentos elétricos do mesmo modo como tinha tomado de assalto os trombones e clarinetes do fim do século passado em New Orleans. Esses instrumentos elétricos, possibilitados pelo desenvolvimento tecnológico nas grandes cidades, nos guetos de Chicago e em toda New York, foram dar no *rock and roll*, no *soul music*. Houve também influência das igrejas protestantes negras, onde já se fazia uma outra mistura composta com a música branca gregoriana e sacra. Então, quando a gente usou a guitarra elétrica aqui no Brasil, o pessoal deu uma grita. Na verdade, guitarra elétrica, no sentido da abordagem que a gente estava fazendo, era essencialmente negra. Já tinha sido feita e não era nada elitista, pelo contrário. O instrumento elétrico foi dos que mais possibilitou a divulgação da música negra de base.

MA – *É que o corpo começou a se mexer...*

GG – Totalmente, deixando de ser uma coisa negra para ser nacional e universal. Sob todos os aspectos era absurda a reclamação do uso da guitarra elétrica como provocador de alienação do material brasileiro. Nesse sentido, o material brasileiro é bem parecido com o americano. O que tinha sido bom lá, deveria ser necessariamente bom aqui. Assim, para Pixinginha e outros, foi bom a utilização do desenvolvimento de uma adaptação de instrumentos que já tinha ocorrido na América. Não havia razão para não se fazer isso de novo. Mas como havia um desconhecimento e mesmo uma alienação histórica, ninguém entendeu. Os críticos rejeitavam em função de valores aprendidos na periferia, na proximidade histórica deles. Se você fosse dizer que o *jazz band* brasileiro, que até a década de 40 ainda era escrito j-a-z-z nas baterias das cidades do interior do Brasil, era inspirado no modelo americano, eles não se queixariam de uma abordagem disso. Mas eles pensavam que o conjunto regional tinha nascido em solo brasileiro...

MA – *Em relação a sua experiência musical nas semanas Afro-brasileiras, o que você diria?*

GG – Eu gostei. Não se pode dizer que essa experiência tenha sido sui generis ou particularizante. Ela não estava dissociada dos eventos geralmente presentes no contexto de música popular, como arte popular. Também não resultou de uma visão reservada a um aspecto específico da cultura negra, apesar de estarem lá o Jorge Ben, o Macalé, o conjunto do Djalma (Bahiafro), enfim, artistas que trabalham material musical negro. Eu não acredito que houvesse uma consciência da diferenciação buscada através das Semanas, como de cultura e arte negra. Muita gente foi lá para assistir a mais uma apresentação de Gilberto Gil, Macalé, Jorge Ben e outros. Mas, mesmo assim, a idéia de coisa negra existia, evidentemente. Houve momento em que se buscou uma integração mais íntima do nosso trabalho. A música que a gente produz como a do Bahiafro, mais ligada a de culto. Lembro que, naquela noite, tocamos reproduções de toques de Oxalá, de Ogum e de Xangô. O Bahiafro estava tocando e cantando e nós nos preocupamos em nos juntarmos a eles. Houve um caráter de improviso do canto negro. Através de mim, do Jorge, do Macalé e outros músicos que estavam ali, muitos de formação eminentemente branca, do rock inglês ao neoclassismo e dessa fase atual. Foi um trabalho de integração. Foi assim que eu senti.

MA – *Você acha que houve integração ou ficaram marcadas as diferenças?*

GG – Não, eu acho que houve integração mesmo. Porque ninguém pode negar que a música do mundo de hoje é a música negra. Hoje, ao contrário do que houve no início do século nos EUA, os brancos aprovam a música negra. Os brancos do mundo inteiro, da Suécia, da Alemanha, tocam o que Jimy Hendrix tocou. Os brancos e todo o seu aparato eletrônico, ao nível de música popular, exploram as polirritmias africanas que vieram com o jazz e hoje já são procuradas na própria fonte. Em muitos conjuntos de jovens ingleses há um músico da Nigéria ou mesmo músicos das West Indians, da Jamaica ou do Brasil. Todo o conjunto americano de música progressiva atual tem um percussionista brasileiro...

MA – *Você acha que no Brasil houve uma mudança na forma de cantar, isto é, a influência operística italiana cedeu terreno a uma forma mais negra de canto, mais anasalada? Essa mudança teria sido provocada por João Gilberto?*

GG – Ele não buscava a excelência da voz, como se faz no canto erudito branco, mas sim a excelência da alma, numa emissão mais natural, mais malemolente, mais negra mesmo.

MA – *Eu acho Clementina também representativa de um padrão negro de cantar.*

GG – É, Clementina é canto de terreiro, de comunidade negra. Uma forma anasalada, gutural, mais onomatopaica e convulsiva no sentido de que veicula necessariamente uma energia de corpo inteiro. Não é uma forma de cantar buscada no refinamento, no falsete do bel canto, na ascese branca. Canta o corpo todo passando pela garganta, sacode a voz, sacode as palavras, tudo. É a escola negra.

MA – *Você é dessa escola, não é? De certa forma é um caminho que João Gilberto já tinha reivindicado.*

GG – É, eu sou mais daí, e meu trabalho todo é possibilitado por João Gilberto. Paradoxalmente, foi ele quem deu consciência disso tudo. Ele é um marco indescritível dentro da música popular brasileira. Ainda não temos um distanciamento histórico necessário para entender a magnitude do trabalho de João Gilberto. A abertura dada por ele é que possibilita uma visão das coisas que nós estamos falando. Porque ele aproxima o canto negro de suas raízes e ao mesmo tempo atenua a música do branco no canto negro. É um exercício de unidade da música brasileira, onde ele "amacia" e unifica todas as tendências. Do preciosismo musical, no sentido da racionalidade da escala, da música européia, ao caráter negro da simplicidade do canto. Ele canta parecido com Jackson do Pandeiro, Dorival Caymmi e todos esses mulatos que herdaram diretamente as influências primitivas da arte musical negra no Brasil. O que ele realizou é muito grande e abre possibilidade para todas essas reciclagens, em termos de análise e síntese, como a "jovem guarda", "tropicalismo" e Milton Nascimento hoje em dia.

MA – *Antes de conhecer o trabalho de João Gilberto você já cantava com essa tendência?*

GG – Já, porque, até então, minha fonte era o Nordeste, com Luiz Gonzaga, Jackson do Pandeiro, Jorge Veiga e outros. Eu já era muito identificado com a coisa negra, pela alma mesmo, pela intuição, sabe?

MA – *E João Gilberto possibilita uma continuidade deste espaço.*

GG – É, João é quem dá mesmo o espaço pra gente.

MA – *Você citou Caymmi como próximo das influências primitivas da música e canto negros. Isso, mesmo na época das "músicas da noite", das composições com Guinle?*

GG – É difícil responder, porque o encanto que uma pessoa como Caymmi tem por esse tipo de música já vem de sua própria alma. Porque essa música de boate também é uma reprodução dos *blues*, Billy Holiday, enfim, todo esse *slow blues* que acabou dando a "música de noite". O samba-canção é uma derivante do *blues*, e do século passado para cá o circuito fechou e pronto: a música do mundo passou a ser negra. E vem muito da América, porque a música se popularizou no mundo através dos meios fonomecânicos possibilitados pela indústria americana. Essa indústria veiculava música americana, que é de formação negra, daí... no Brasil essa influência foi muito grande porque as fontes americanas eram basicamente as nossas. É evidente que existe o lado econômico e social dessa influência mas no que a gente ouviu de mambo, bolero e calipso tem muito de proximidade de alma.

MA – *O que já se chamou de "Américas Negras", não é?*

GG – É verdade, e como eu disse, a questão econômica não é só. Existe uma identificação mesmo.

MA – *A primeira vez que você tocou com Jorge Ben foi nas Semanas Afro-brasileiras?*

GG – Em público, foi a primeira vez. Foi um momento em que houve um reconhecimento de "parentesco", uma constatação da matriz, digamos de uma matriz única. Foi ali que se criou essa consciência. Nem tanto para mim ou para ele, que já sabíamos mas em termos de um consenso de que Gil e Jorge têm coisas em comum. Daí, surgiu o disco em que atuamos juntos. O nome dos dois orixás, Xangô e Ogum, colocados no disco, tem muito a ver com aquele encontro das Semanas Afro-brasileiras no MAM, que ficou como um signo de identificação do nosso trabalho. Não se pode dizer que foi exatamente ali que se revelou isso ou aquilo mas que foi um encontro revelador eu não tenho dúvida.

MA – *Ali houve uma polarização do aspecto negro. E dentro disso, como você vê a música do Jorge?*

GG – Eu vejo a música de Jorge como a que mantém elementos mais nítidos da complexidade negra na formação da música brasileira. Modos diferentes musicais vieram para o Brasil através de várias nações africanas. Jorge assume o que veio do norte da África, o muçulmano, como elemento básico de seu trabalho. Ele não gosta de perder a perspectiva primitivista, não deixa de se ligar no jeje, ketu, ioruba. Mas ele tem um outro lado que inclui o moderno.

MA – *Muita coisa assim de espírito de Rio de Janeiro, certo?*

GG – Um Rio complexo, uma negritude carioca. Eu diria que a escola de samba, por exemplo, é uma coisa mais simplificada do que a música de Jorge Ben. Sua música é muito mais complexa em termos de integralidade negra, mais do que o chamado samba-enredo, que se estabeleceu como um clichê da escola de samba. Os elementos da música do Jorge são muito diversos e isso é bem descrito em *Zumbi*, quando ele fala das diversas nações, convocando Angola, Congo como num discurso meio messiânico. Ele tem consciência de uma integralidade e sua complexidade decorre daí e vice-versa.

MA – *Eu acho* Charles 45 *um motivo bem carioca...*

GG – É, ao mesmo tempo ele é um garoto carioca da atualidade de escola de samba. Mas o que o distingue dos outros sambistas é a consciência de uma complexidade negra, a manutenção na música de nítidas diferenciações de elementos. Assim, ele compõe baseado em vários ritmos especificamente negros, e compõe samba, mas diferente da maioria dos compositores de escola de samba, que produz uma música cultivada na escola, um híbrido já todo pronto sem nenhuma das diferenciações elementares dos ritmos básicos. O Jorge consegue essa elementaridade e denomina as diversas escolas negras.

MA – *Você poderia dizer quais das suas músicas estariam mais próximas ou não desses valores, desses elementos básicos da cultura musical negra?*

GG – Algumas composições minhas nascem da necessidade de mostrar um conhecimento sobre os ritmos negros. *Filhos de Gandi* está nitidamente dentro dessa linha. É uma música feita sobre afoxé com o tema afoxé ligado ao ijexá. *Abra o olho*, não quanto à letra mas quanto à música, também é construída sobre esses ritmos. Em *Domingo no parque* já entra ritmo de capoeira mas há ijexá também. Enfim, em outras músicas minhas pode ser identificado um ou outro elemento básico de música negra mas isso não é tão nítido quanto no trabalho de Jorge Ben. Não há essa intencionalidade inconsciente que torna o trabalho dele tão completo. E eu digo inconsciente, porque, pelo menos para mim, não sei como é com Jorge, não é muito consciente. Agora sim, eu talvez vá fazer um disco na África. Eu quero gravar com o pessoal da Nigéria e buscar uma ligação mais direta com o que eles cantam. Certamente vai ser alguma coisa parecida com o que se canta nos terreiros, nas comunidades periféricas aos centros da religião negra no Brasil, na Bahia.

MA – *Essa aproximação com Jorge Ben lhe trouxe uma indicação de trabalho.*

GG – É, Jorge Ben é para mim uma espécie de mestre. Eu tenho muitos mestres mas ele é um mestre em exercício, mais um para talvez, na medida em que existe muito dele nessa minha vontade de dar nitidez aos matizes das matrizes negras do meu trabalho. Isso aparece nos meus shows quando eu improviso. Um lado assim preto velho que está no meu mundo... minha avó, tias velhas, meu pai. Um vocabulário onde entram palavras nagôs, ditas com aquela guturalidade negra na voz. Fica assim como um reencontro com a minha formação mais primária.

MA – *Sua família era de Salvador?*

GG – É. Minha família veio da África mas eu não sei de qual nação. Meu bisavô foi escravo, mas se emancipou antes da abolição. Ele adotou um nome português – Moreira – e criou família. Meu pai era órfão e foi criado por uma tia com muita dificuldade, mas conseguiu ser um profissional liberal, médico. Aí então casou, formou família. Minha mãe, assim como meu pai, sabe muito pouco sobre suas origens. Não é como uma família abastada com árvore genealógica. Eles teriam que buscar o que existe de documentação sobre a formação de nossa família. De meu avô para trás, fica muito difícil localizar parentesco, origem.

MA – *Está bem. É isso aí...*

MÃE SENHORA, AXIPÁ
IALORIXÁ OXUM MUIWA ATI IANASSÔ

Em 31 de março de 1900 em Salvador, na ladeira da Praça, nascia Maria Bebiana do Espírito Santo, que viria a ser uma das mais destacadas personalidades da tradição africana em nossa terra. Descendente da tradicional família Axipá, uma das sete linhagens fundadoras do reino de Ketu, ela era trineta da Ialorixá Obá Tossi, Sra. Marcelina da Silva que dirigiu o Ilê Iá Nasso, considerada a primeira casa de culto aos orixás nagô na Bahia.

Filha de Félix do Espírito Santo e de Claudiana do Espírito Santo, Maria Bebiana foi iniciada em 1907, por uma filha espiritual da Ialorixá Obá Tossi, a Iá Obá Biyi, Sra. Eugenia Anna dos Santos, que iria em 1910 fundar o Ilê Axé Opô Afonjá, um dos mais tradicionais e importantes terreiros do Brasil.

Durante o período em que a Ialorixá Obá Biyi esteve à frente do Ilê Opô Afonjá, Senhora, como era chamada por todos Maria Bebiana, Oxum Muiwa, Osi Dagan acompanhou de perto todas as iniciações sacerdotais, e a estruturação e reposição em terras brasileiras de diversas instituições da cultura religiosa nagô, assim como suas relações institucionais com o mundo envolvente.

Acompanhou neste período os inúmeros barcos de iaô, a constituição do calendário litúrgico, a construção das casas de culto aos orixá, o início da construção do barracão, *ilê nla*, dedicado aos rituais públicos, a formação do corpo dos obás, a criação da Sociedade Civil Beneficente Cruz Santa do Opô Afonjá...

O contexto histórico do início da República se caracteriza pela constituição do Estado alimentado pela razão positivista, que se desdobra no evolucionismo europocêntrico e no "racismo", ou melhor, na dinamização da política de embranquecimento.

A romanização da Igreja católica, cerceando os poderes das irmandades, especialmente as de "homens de cor", a produção e divulgação das teorias de superioridade racial branca nas universidades, o estímulo à vinda de imigrantes europeus para "apurar o sangue" e ocupar posições no novo mercado de trabalho pós-escravidão, a perseguição policial às instituições culturais e religiosas afro-brasileiras, caracteriza o contexto adverso em que caminha e se expande a tradição nagô do Ilê Axé Opô Afonjá.

Mãe Aninha, Ialorixá Obá Biyi demonstrou a grande perspicácia política de uma filha de Xangô Afonjá na condução da instituição se constituindo num exemplo para toda a comunidade afro-brasileira.

À perseguição aos valores da comunidade terreiro, respondia com novos posicionamentos para, quem sabe, um novo patamar de relações possíveis entre os diversos povos e civilizações que constituem a humanidade.

Participava com todo respeito e ativamente da irmandade católica da Igreja do Rosário, da qual foi priora, e continuava essa interação quando estava no Rio de Janeiro. Dava aí um exemplo de respeito aos direitos à alteridade, aceitando e até aderindo à igreja católica, embora em nenhum momento misturasse, pela sua posição de Ialorixá, a liturgia da tradição nagô com o catolicismo.

Durante a perseguição policial chefiada pelo delegado Pedrito Gordo, é famoso o episódio em que o mesmo foi em direção ao Opô Afonjá, ouvia o som dos atabaques, mas não conseguia localizar o terreiro...

Nessa época ela enviou carta ao presidente Getúlio Vargas alertando-o de um acidente. Depois do ocorrido, em que Getúlio se salvou, solicitou ao presidente e conseguiu o fim das perseguições policiais.

Aceitou participar do II Congresso Afro-Brasileiro organizado em 1936 por Edison Carneiro em Salvador com uma comunicação sobre a culinária litúrgica da religião nagô, juntamente com o Sr. Martiniano do Bonfim, Oje L'adê, que fez uma comunicação sobre o corpo dos obás do Ilê Axe Opô Afonjá.

Deste modo, a Ialorixá Obá Biyi iniciava um diálogo com a inteligência da época, no sentido de desfazer os equívocos de interpretação sobre os valores africanos no Brasil e que alimentava a razão do Estado eurocêntrico, avesso à pluralidade civilizatória e cultural.

Além disso, Iá Obá Biyi, por vezes acompanhada por outros sacerdotes, expandiu os valores da tradição no Rio de Janeiro, em diversas viagens, que também visavam atender aos inúmeros imigrantes da Bahia que para lá se dirigiam, marcando significativamente a presença da cultura afro-baiana na então capital do Brasil.

Em 3 de janeiro de 1938 ocorreu o falecimento da Ialorixá Obá Biyi, uma das mais importantes sacerdotisas da tradição africano-brasileira.

"Depois de terem sido realizadas todas as obrigações e os preceitos de acordo com o regulamento da seita, e estando tudo regularizado dentro do Axé Opô Afonjá, Maria Bebiana do Espírito Santo (Senhora), ... ficou, como era de direito, devido a sua tradicional família da nação Axé de Ketu, com o título de Ialaxé Opô Afonjá, (mãe do Axé Opô Afonjá), dirigindo os destinos do terreiro com uma senhora filha de africanos, muito amiga de Iá Obá Biyi (Aninha), por nome Maria da Purificação Lopes (Badá Olufan Deiyi)."[1] Depois da construção e constituição do Ilê Ibo Aku, casa de adoração aos mortos, em que é adorado o espírito dos mortos da comunidade, onde está presente Mãe Aninha, a Ialorixá Obá Biyi, Mãe Senhora e Badá foram retomando as demais atividades constituintes do Opô Afonjá.

Em 1940 realizou a primeira iniciação de iaô, começando um dos mais brilhantes períodos de expansão do Ilê Axé Opô Afonjá.

No ano seguinte ocorreu o falecimento de Badá, Olufan Deiyi e da mesma forma, foram realizados os rituais pertinentes.

Em 1942 era inaugurado o *Ilê Nla*, o barracão que abriga as cerimônias públicas do Ilê Axé onde ocorre a confraternização do *egbe*, da comunidade reunida compartilhando sentimentos comuns

---

[1] SANTOS, M. Deoscóredes dos. *Axé Opô Afonjá*. Rio de Janeiro: Instituto Brasileiro de Estudos Afro-Asiáticos, 1962, p. 27.

e onde também se expressa a pompa das relações hierárquicas institucionais. O lugar de destaque de Ialorixá, cercada pelos *ijoiyê*, os portadores de títulos mais importantes, do lado feminino a Iya Kekere, e as *egbomi* as senhoras de mais tempo de obrigações rituais, as *iyawo*, as sacerdotisas novas, e do masculino o Balé Xangô, o Assogba, os Obás, os Alabes, os Ogãs, e por fim o público de fiéis.

Senhora teve como Iá Quequerê a Sra. Ondina Valéria Pimentel, filha de José Theodorio Pimentel, que, por sua vez, era o Balé Xangô e pertencia á importante família de Itaparica, em que se destacaram Marcos, o Velho, e Marcos Theodorio Pimentel, ojés de grande importância no culto aos Eguns, zeladores do *olori Egum*, o cabeça, o mais antigo dos ancestrais masculinos, Baba Olukotun, dentre outros.

Mãe Ondina viria a ser a sucessora de Mãe Senhora no Ilê Axé Opô Afonjá, e o filho de Senhora, Deoscóredes M. dos Santos, o Assogba, viria a suceder José Theodorio Pimentel como Balé Xangô.

Senhora casou-se com o Sr. Arsênio dos Santos, e teve um único filho, Deoscóredes, conhecido como Didi, no ano de 1917. Aos oito anos Didi foi iniciado por Marcos Alapini, no culto aos Egungum e teve o título de Assogba aos quinze anos dado por Mãe Aninha, Ialorixá Obá Biyi.

Mestre Didi sempre esteve próximo de Senhora, Ialorixá Oxum Muiwa, à frente dos orixás do panteão da terra, Nanã, Obaluaiê e Oxumarê, na condição de Assogba.

A Ialorixá Oxum Muiwa também acompanhava seu filho, então Ojé Korikowe Olukotun, nas obrigações aos Eguns e recebeu no Ilê Agboula, em Itaparica, o título de Iá Egbe relativo aos poderes da sociedade feminina da comunidade.

Mãe Senhora nutria muitas amizades fraternas em Itaparica, ao povo ligado aos Eguns, e ela mesma possuía grande liderança na comunidade. Um dos seus grandes amigos foi o Sr. Arsenio Ferreira dos Santos, Alagba, sobrinho de Marcos, Alapini, e foi quem cuidou da herança religiosa deste quando o afamado líder espiritual faleceu.

Mãe Senhora conviveu com prestigiadas personalidades da tradição aos Eguns. Além dos já citados, os Srs. Martiniano Eliseu do Bonfim, Ajimuda, e Ojé L'ade, que era muito próximo de Mãe

Aninha, e era filho do Sr. Eliseu, "um africano de origem Ketu, que trouxe para a Bahia no começo do século XIX, o Egum Ilári, o patriarca de sua família"², e também o afamado Sr. Miguel Sant'Anna, Obá Aré no Opô Afonjá e Ojé Erepe no Ilê Agboula. Ambos são líderes de grande destaque na história de tradição africana brasileira. A criação do corpo dos obá de Xangô por Mãe Aninha, Ialorixá Obá Biyi e Martiniano Eliseu do Bonfim, Oje L'ade, inspirado no corpo dos Mogba, ministros de Alafim, Rei de Oyó, cidade capital política do antigo império Iorubá, procura reforçar a presença dos poderes masculinos, numa sociedade eminentemente de exercício dos poderes femininos como o culto aos orixás.

Eliseu do Bonfim, Ajimuda, na sua comunicação no V Congresso Afro-Brasileiro, conta como os sacerdotes de Xangô se reuniram depois de seu desaparecimento, com a finalidade de perpetuar a memória de seu rei, num culto de caráter religioso. "Os ministros de Xangô, os mangba, instituíram então o culto do orixá... Algum tempo depois formou-se um conselho de ministros encarregado de manter vivo o culto, que foi organizado com os doze ministros que tinham acompanhado à terra, seis à direita e seis à esquerda..."³ Mãe Senhora deu continuidade às projeções de Mãe Aninha constituindo a complementação do corpo dos 12 obás com seus substitutos eventuais, os Otum Obá e Ossi Obá, os Obás da direita e da esquerda.

Assim, além dos ogãs, o Ilê Axé Opô Afonjá conta com um corpo de lideranças masculinas que compõem a casa de Xangô, e auxiliam na perpetuação da continuidade da tradição, da defesa e divulgação dos valores espirituais e culturais da comunidade.

Além disso, o terreiro conta com os ijoiê, títulos honoríficos e sacerdotais.

"Continuando e aumentando a tradição de Aninha, Mãe Senhora soube receber e reunir no Opô Afonjá personalidades eminentes da vida intelectual brasileira, sobretudo a baiana, ligando o

---

[2.] SANTOS, E. Juana e SANTOS M. Deoscóredes. "O culto dos ancestrais na Bahia, O culto dos Egun". In: Olóorisa. São Paulo: Ágora, 1981, p.161.

[3.] LIMA, Vivaldo da Costa. "Os Obás de Xangô". In: Olóorisa. São Paulo: Ágora, 1981, p. 92-93.

terreiro aos cientistas, escritores e artistas... Entre as pessoas que têm postos na hierarquia do terreiro encontram-se nomes conhecidos como o de Jorge Amado, Pierre Verger, Carybé, Vasconcelos Maria, Antonio Olinto, Moysés Alves, Vivaldo e Sinval Costa Lima, Zora Seljan, Zélia Amado, Lênio Braga, Rubem Valentim."[4] E ainda, "Teve Mãe Senhora sua mão na cabeça do poeta Vinícius de Moraes, do etnógrafo Edison Carneiro, do compositor Dorival Caymmi, do cantor João Gilberto, dos escultores Mário Cravo e Mirabeau Sampaio, do escritor James Amado, do pintor Jenner Augusto, da atriz Beatriz Costa, dos ensaístas Clarival Prado Valadares e Valdeloir Rêgo, dos professores Rui Antunes, Paulo e Dóris Loureiro, Milton Santos, Ramiro Porto Alegre, Heron de Alencar, do Dr. Eugenio Antunes, do editor Dianlas Riedal, das senhoras Olga Bianchi, Suzana Rodrigues e Laís Antunes, do professor da Sorbonne Roger Bastide, de Jean Paul Sartre e de Simone de Beauvoir, da antropóloga Juana Elbein, para citar só aqueles que a memória me lembra."[5] Convém ressaltar o aspecto ou desdobramento estratégico dessa aproximação em relação à luta de afirmação e legitimação dos valores da tradição africana no Brasil. É bom lembrar que as políticas de Estado do embranquecimento se sustentavam nas ideologias "racistas", evolucionistas e positivistas que se constituíram nos umbrais da Universidade, a principal delas, ou o ponto inicial foram os trabalhos divulgados por Nina Rodrigues e seus seguidores. Apesar da obra de Nina Rodrigues revelar pela primeira vez a existência de instituições culturais e religiosas negro-africanas transpostas para o Brasil, e aspectos da sua complexa e riquíssima visão de mundo, ao mesmo tempo ele racionalizava seus levantamentos etnográficos, procurando teorizar que essa presença caracterizava que o negro era infenso à catequese, não por ter outra civilização, mas por ter um atraso filogenético atávico ligado a seus caracteres "raciais".

Destes caracteres, que para Nina serviam para classificar o negro como "raça inferior", o "transe mediúnico", para ele expressão de um sintoma de histeria, na época considerada doença psicótica, era prova de "desenvolvimento intelectual primitivo".

[4.] SANTOS, M. Deoscóredes dos. *História de um terreiro nagô*. São Paulo: Max Limonad, 1988, p. 28.

[5.] Idem, p. 30.

"O fraco desenvolvimento intelectual do negro primitivo, auxiliado pelas práticas exaurientes das superstições religiosas, como factor do estado de possessão de santo equivale, pois, à hysteria que para os negros mais inteligentes, constitue esse factor."[6] Todo esse lixo ideológico tinha por fim alimentar a razão de Estado que sustentava a política de imigração européia, de abandono das populações aborígenes e seus descendentes, e dos descendentes africanos, além de permear as instituições sociais oficiais e a ideologia e os comportamentos politicamente hegemônicos dos mais infindos estereótipos de preconceitos e discriminações.

A presença de representantes da inteligência integrando a comunidade terreiro formava um cinturão de defesa e de legitimação de seus valores, permitindo a continuidade da tradição.

"Sartre e Simone de Beauvoir, quando de sua visita à Bahia, estiveram longamente com Mãe Senhora, no Axé, levados por Jorge Amado, tendo Sartre declarado, depois, ter poucas vezes encontrado pessoa de tão grande sabedoria de vida. O orixá de Sartre era Oxalá e o de Simone era Oxum, ambos olhados por Mãe Senhora".[7] Um dos momentos mais importantes da trajetória da Ialorixá Oxum Muiwa aconteceu por ocasião de uma das viagens de Pierre Verger. Ela tinha estabelecido o título, ijoiê, de Oju Obá, e conferiu-o com a anuência de Xangô, como sempre acontece, ao etnógrafo francês Pierre Verger.

Através das contínuas viagens entre a Bahia, a Nigéria e Dahomé, Verger foi estabelecendo correspondência entre Mãe Senhora e os Obás, os reis da tradição africana, principalmente o Ataoja, rei de Oshogbo, cidade em que Oxum é o orixá patrono e o Alaafin, rei de Oyó dentre outros.

"Em agosto de 1952, chegou da África Pierre Verger, trazendo um xeré e um Edun Ará Xangô, que lhe foram confiados na Nigéria por Onã Mogba, por ordem do Obá Adeniran Adeyemi, Alafin Oyó, para serem entregues a Maria Babiana do Espírito Santo,

---

[6.] RODRIGUES, Nina. *O animismo fetichista dos negros baianos*. Rio de Janeiro: Biblioteca de Edição Científica, 1935, p.138.

[7.] SANTOS, M. Deoscóredes dos. *Op. cit.*, p. 28.

Senhora, acompanhados de uma carta dando a ela o título de Iyanassô, confirmado no barracão do Opô Afonjá, em 9 de agosto de 1953, com a presença de todos os filhos da casa, comissões de vários terreiros, intelectuais, amigos da seita, escritores, jornalistas etc. Este fato marca o reinício das antigas relações religiosas entre a África e a Bahia, posteriormente ampliadas, mantendo mãe Senhora um intercâmbio permanente de presentes e mensagens com reis e outras personalidades da seita na África".[8] O título de Iá Nassô, que Senhora revelou por extenso como sendo Iá Nassô Oyo Akalamagbo Olodumare Axé Da Adeta, lhe era atribuído em razão não só de sua projeção como Ialorixá de profundos conhecimentos e de grande liderança em meio à comunidade da tradição africana, mas também por sua linhagem ser uma das mais importantes da tradição iorubá ou nagô, isto é, por ser descendente da família Asipa ou Axipá. Iá Nassô é o título atribuído à sacerdotisa que zela pela adoração de Xangô no afim, no palácio de Oyó, capital política do antigo império iorubá, da qual Xangô é o orixá patrono.

Durante todo período da presença da Ialorixá Iá Nassô ela continuou as iniciações das iaôs, realizando dezenas de barcos, confirmando postos ou títulos, atendendo os que procuravam na tradição a continuidade dos seus destinos, e realizando o calendário litúrgico com muito brilho, projetando os valores do seu legado ancestral.

Em 1958 houve a comemoração do cinqüentenário de vida religiosa de Mãe Senhora.

Presentes senhoras e senhores da alta representatividade da elite religiosa do Opô Afonjá, fiéis da tradição africano-brasileira, autoridades da sociedade em geral etc.

Zora Seljan assim inicia sua narrativa do evento:

"Mãe Senhora está fazendo cinqüenta anos de feita, e, logo mais haverá festa no Opô Afonjá. Uma caravana de escritores e artistas veio do Sul para homenagear Dona Maria Bebiana do Espírito Santo, Senhora, zeladora das músicas e das danças antigas, dos

---

[8.] Idem, p.18-19.

mitos e rituais africanos, a dama da nação ketu, nossa amiga muito querida. A herança da cultura nagô está guardada religiosamente em suas mãos, sendo que a história do candomblé no Brasil é a própria história de sua família."[9] Naquela ocasião, a presença de Pascoal Carlos Magno pronunciando um discurso em nome do presidente Juscelino Kubitschek, enaltecendo a homenageada, demonstrou a importância de Mãe Senhora para a legitimação e respeito à tradição africano-brasileira. A consciência de seu poder transparece no episódio em que recebia a visita do cônsul dos EUA. Pressionada por alguns ogãs pelo fato do cônsul ficar esperando por sua presença disse que da porteira para dentro era ela que dirigia aquela casa, e que ela sabia o que seus irmãos de cor estavam passando naquele país em que vigorava o *apartheid*.

Além da absoluta dignidade e devoção à continuidade e expansão do axé através da dinâmica litúrgica, Senhora era muito zelosa da hierarquia comunitária.

No dizer de Mãe Stella, "Mãe Senhora falava muito sobre hierarquia, dando ênfase à autoridade de Mãe Aninha."[10] Atual Ialorixá do Opô Afonjá Mãe Stella, filha de Mãe Senhora, foi por ela confirmada com o título de Kolaba, a responsável pelas sacolas que contêm preceitos de Xangô. "A vaidade de minha mãe incentivava as filhas a se arrumarem com esmero. E como a velha era exigente com coisas de Barracão! Não tinha esta de saia mal passada: anágua murcha ... Eu, (Teté), Haydée e Moacir éramos os acompanhantes de Mãe Senhora à Ilha, no Ilé Agboulá."[11] A relação de Mãe Senhora com os terreiros de Egungum da Ilha foram fortemente constituídos pelo fato de uma doença que acometera seu filho Didi, este ter sido curado com a sua introdução no culto aos Egunguns. Como era um omobibi, um bem nascido de importante linhagem nagô, Didi foi iniciado por Marcos Theodoro Pimentel, que possuía o mais alto título, o de Alapini, Ipekun Ojé. *"O culto dos Eguns possui estreitas ligações com o terreiro do Opô Afonjá, e a Ialorixá Senhora tem ali o posto de*

---

[9] Idem, p. 20.

[10] SANTOS, Maria Stella de Azevedo. *Meu tempo é agora*. Curitiba: Projeto CENTRHU, 1995, p.16.

[11] Idem, p. 17.

Iyá Egbe, a Mãe do Egbe. Seu filho, o Assobá – Deoscoredes M. dos Santos – é o Koricoe Olukotum, isto é, o escrivão de Babá Olucotum", um dos Eguns mais cultuados em Amoreiras; o Otum Obá Abiodum tem o posto Otum Maié; um filho-de-santo de São Gonçalo, de nome Ogum Toxi, possui em Amoreiras o posto de Balogum. Senhora de Oxum é que põe "a mão na cabeça" da maioria das pessoas de Amoreiras, sendo, pois, a mãe-de-santo que se encarrega da iniciação em São Gonçalo, dos filiados do culto de Eguns que tenham de fazer, também, "obrigações de orixá". Outros exemplos poderiam ser dados da associação Amoreiras - São Gonçalo.[12] Convém observar que o culto de orixá e eguns possui limites intransponíveis, e que um Ojé não pode ser Adoxú, isto é, iniciado no culto aos orixá como iaô e vice-versa. As obrigações a que se refere Bastide citado por Vivaldo dizem respeito a determinadas ações litúrgicas que não ultrapassam esses limites. Por outro lado convém também citar que nos ritos de axexé, quando do falecimento de integrante da comunidade do Opô Afonjá, é significativa a presença de sacerdotes do culto aos Eguns na condução da liturgia.

Não podia deixar de acrescentar entre os citados por Bastide o Obá Kankanfo Nilê Opô Afonjá, Sr. Antonio Sant'Anna, filho do afamado Miguel Sant'Anna, e que, como o pai, era Obá e Ojé. No Ilê Agboula ele possui o título de Ara Ojé.

Todavia o mais importante sacerdote do culto de egum ao lado de Mãe Senhora foi, sem dúvida, seu filho carnal Deoscóredes M. dos Santos, Mestre Didi.

Já tendo sido confirmado Assogba, sacerdote supremo do culto de Obaluaiê ao tempo de mãe Aninha, Mestre Didi, além de cuidar das obrigações referentes aos orixá ninu ilê, do interior da terra, incluídos Nanã e Oxumarê, ele foi o olosaim, sacerdote de Ossâim, responsável pelos aspectos dos preceitos envolvendo as folhas, o que é de suma importância litúrgica.

Além de assegurar um elo mais forte com a comunidade de culto aos Egunguns, por ser o Ojé Korikoe Olukotun, Mestre Didi

---

[12] BASTIDE, Roger. "La Théorie de la Réincarnation chez les Afro-Americans". In: *Reincarnation et Vie Mystique en Afrique Noire.* Paris: Press Universitaires de France, 1965, p.15, 16.

possuía como escritor e artista uma significativa relação com a *intelligentzia* baiana atraindo para o Opô Afonjá uma plêiade considerável dessas personalidades.

Fato muito importante nesse âmbito foi a realização no Ilê Axé Opô Afonjá da festa para o IV Colóquio Luso-Brasileiro em 1959. Como nos conta Mestre Didi, os convidados, além do público em geral e todos os congressistas, foram saudados pelo Obá Otun Arolu, o já afamado escritor Jorge Amado, o que teve ampla repercussão, sendo seu discurso reproduzido na íntegra no *Diário de Notícias* de Salvador; vejamos alguns trechos:

> Na minha qualidade de Otum Obá Arolu deste Axé Opô Afonjá, tenho a honra e a alegria de receber, em nome da Senhora, nossa mãe e mãe deste terreiro, sucessora da inesquecível Aninha, aos membros e convidados do IV Colóquio Luso-Brasileiro...
>
> (...) aqui, nesta cidade mágica da Bahia, cultivamos nós, baianos, certos ritos de gentileza, e a eles devo eu ser hoje o intérprete de Mãe Senhora e dos orixás da Casa de Xangô, Oxum, Oxóssi, meu pai, Omolu, Iemanjá, Ogum e Iansã, Oxumarê e Euá, Nanã e Oxalá (...)
>
> (...) Entrai, senhores, ocupai um lugar nos bancos toscos, os ritmos dos atabaques vão soar – são nossa música cotidiana, nela nascemos e crescemos – iaôs bailarão seu bailado que é feito de terra, de mar imenso, de árvores e de amor, de sofrimento e esperança...
>
> (...) Estais em vossa casa porque este terreiro de Xangô, este candomblé de Senhora, tem sido – permanentemente e sempre – uma casa de cultura e da inteligência baiana (...)
>
> (...) Nós baianos (...) filhos do mistério e da beleza desta cidade negra do Salvador da Bahia (...) Somos orgulhosos deste templo e de seu significado (...)
>
> (...) nós homens de cultura, somos os defensores de seu segredo e de sua grandeza, ao lado desta figura

> invulgar de mulher, feita de uma só peça, rainha, se a este título damos sua significação mais profunda, Mãe Senhora.
>
> (...) Hoje nós vos recebemos como hóspedes e amigos, fraternalmente. Abrimos as portas do nosso mistério à vossa curiosidade, que esperamos sã e compreensiva. Mas, em nossa dolorida e trabalhada memória, sofrida de horrores, guardamos a lembrança dos tempos de opressão, quando vossos ancestrais – nossos opressores de então – quiseram roubar nossa riqueza maior, os bens de cultura que possuímos, para impor-nos outros amores impossíveis. Ainda há bem poucos anos, eu vi as costas do Pai Procópio, de sagrada memória, marcadas com as chicotadas de uma polícia que não parecia compreender que no Brasil há liberdade de culto e que cada um tem direito de saudar os seus deuses. São tempos ainda próximos mas que jamais voltarão, pois na sua volta não consentiremos (...)
>
> Em nome de Mãe Senhora, nossa Oxum Muiwá Iá Nassô, dos obás, ogãs, das iaôs, eu vos digo Olorun Koxêre fun awon gbogbo, awon bobô, sede bem-vindos...[13]

Mãe Senhora cultivava os laços e alianças comunitárias constituintes da tradição. Suas relações com a Casa Branca, o Ilê Iá Nassô, em que sua trisavó Marcelina da Silva, Obá Tossi, fora Ialorixá eram bastantes fortes, e ela participou ativamente dos rituais de axexé de Tia Massi, Ialorixá Iwin Funké falecida aos 102 anos de idade. Ela esteve sempre acompanhada de obás, ogãs e filhas, e sobretudo de seu filho, Mestre Didi, o Assogba e Oje Korikoe Olukotun.

Também com Mãe Menininha, Ialorixá do terreiro do Gantuá, Mãe Senhora cultivava estreita amizade, tanto mais que ambas eram do orixá Oxum.

Em 1965, por iniciativa de Tancredo da Silva Pinto, a comunidade africano-brasileira no Rio de Janeiro elegeu-a Mãe Preta do Ano.

[13.] Cf. LIMA, Vivaldo Costa. *Op. cit.*, p. 105.

Ela foi homenageada numa magnífica cerimônia no Maracanã. O espetáculo teve início com apresentação de uma orquestra afro-brasileira. Ao som de vinte e quatro atabaques, foi realizada a proclamação.[14] Mãe Senhora agradeceu, dizendo: "É com grande alegria que recebo esta homenagem e, em nome de todos os orixás, abençôo meus filhos brancos e negros de todo o Brasil, e faço votos para que no Dia das Mãe de 1965 tenhamos todos paz e bem-estar neste Brasil que é a melhor terra do mundo."[15] Mãe Senhora era reconhecida pela comunidade africano-brasileira e a sociedade em geral pelo seu valor de ser a mais ilustre ialorixá de seu tempo, e também pelo fato de sua descendência, de uma das mais expressivas e importantes linhagens do mundo nagô, a família Axipá, da qual são erigidos os reis, príncipes, chefes, e altas autoridades da religião.

Apesar disso nunca deixou de ser uma pessoa de hábitos simples, e inteiramente devotada a continuidade e expansão dos princípios religiosos e dos valores culturais da tradição nagô, do fortalecimento da comunidade, e do bem-estar geral dos seus integrantes.

Em 1967, Mestre Didi estava na África, precisamente em territórios nagô-iorubá e fon, realizando trabalho de estudos comparativos relativo a tradição africana com bolsa da Unesco.

No mês de fevereiro, juntamente com sua esposa Juana Elbein dos Santos e o Oju Obá, Pierre Verger, ciceroneado por este, foi visitar o reino de Ketu.

Na visita ao palácio foi apresentado ao rei, Alaketu, por Pierre Verger, conhecido na África como Babalaô Fatumbi.

Didi procurava descobrir a família, a qual pertencia, e que só sabia disso através do que Senhora lhe contara.

Depois de algum tempo estabelecendo relações cordiais com o Alaketu, e de ter provocado júbilo entre os presentes cantando algumas cantigas que jamais o rei pensou existir além-mar, enaltecendo sua coroa, seu reino, as terras e a riqueza de seu povo,

---

[15.] Idem, p. 31.
[14.] SANTOS, M. Deoscóredes dos. *Op. cit.*, p. 24, 25.

provando o que havia dito, ser um descendente de Ketu, por insistência de sua esposa Juana e de Verger, Mestre Didi resolveu recitar o oriqui, ou orilé de sua família.

"Eu disse, então, as seguintes palavras em Nagô: ASIPA BOROGUN ELESE KAN GONGÔO. Quando terminei, vimos o rei exclamar: Ah! Asipá!" e, levantando-se da cadeira onde estava sentado, apontou para o lado do palácio dizendo: "A sua família mora ali!"[16] Foi imensa a emoção do encontro com os Asipá, que ocupam todo um bairro, e trabalham também na roça da família chamada Kosiku, não há morte. Mestre Didi continua sua narrativa desse histórico episódio de nossa tradição: "Fui apresentado a todos os presentes e quando recitei o orilé foi uma alegria geral, todos bateram palmas, vieram apertar minha mão querendo entabular conversações comigo, e eu fiquei tão emocionado que cheguei a ficar fora de mim, não entendia nem sabia de nada. Só via alegria no semblante de todos que se acercavam para me cumprimentar."[17] E ainda: "Logo nos levaram ao ojubó Odé, lugar de adoração a Oxóssi, mostrando onde estava assentado – enterrado – o Axé da casa e foram chamar uma das pessoas mais velhas da região da família Asipá, a fim de nos fornecer informações precisas. E foi assim que ouvimos e reconhecemos tudo aquilo que minha mãe e as pessoas mais velhas diziam na Bahia. Além de linhagem real, Asipa foi uma das sete principais famílias fundadoras do reino de Ketu."[18] Enquanto se dava esse reencontro histórico do filho de Mãe Senhora com sua família na África, fato de suma importância para a história do Brasil e da comunalidade africano-brasileira, no dia 22 de fevereiro de 1967, pelo amanhecer, veio a falecer aquela que foi um dos mais importantes elos da continuidade da tradição civilizatória nagô. Não estando presente aos funerais e primeiras obrigações de direito realizadas no Ilê Axé Afonjá e no Ilê Agboula, Mestre Didi dirigiu a todos do Axé nos Axexê de um, três e sete anos.

Com o falecimento de Mãe Senhora se encerrava o período

---

16. Idem, p. 35, 36.
17. Idem, p. 35, 36.
18. Idem, p. 36.

de maior brilho e esplendor do Ilê Axé OpôAfonjá, desde sua fundação. Período de preservação, expansão e legitimação que continua dando seus frutos na continuidade da tradição que é o maior legado deixado por ela, a que foi o exemplo da mais sublime e excelsa representante da família Asipa nas Américas.

Ialorixá Oxum Muiwa, Iá Nassô.

Olorun Kósi purê.

ROMÁRIO: HERÓI OLÍMPICO OU MAIS UM DIA DE GLÓRIA DO PEIXE ENCANTADO(R)?

Aguardava o horário do jogo do Brasil pela TV enquanto via a seleção do Uruguai enfrentando a do Equador. Num lance, o jogador Oliveira, um dos melhores se antecipa ao zagueiro e ao goleiro, joga a bola por cima e caprichosamente ela decai dentro do gol. Exultante ele corre em busca da torcida uruguaia, e da câmara de TV ... para exibir orgulhosamente, por baixo da "camisa celeste" uma outra camiseta com o retrato de Bob Marley, e ensaia alguns passos de *reggae* demonstrando as variáveis das identidades nacionais, atravessadas pela comunalidade afro-americana.

O locutor da TV em sua descrição banal, ignorando o que estava estampado na camiseta de baixo da oficial, acrescentou que a comemoração do gol foi com uns passos esquisitos(? !)

Mais tarde, em outra estação, quando foi apresentada a retrospectiva dos gols, o locutor registrou esse gol para outro jogador o Dário Silva (? !)

Fiquei pensando mais uma vez, de como neste campo minado da mídia, o quanto é difícil para o negro se manifestar em meio a tanta censura e recalque que só Freud explica...

Mas falemos das imagens do Maracanã, ou Estádio Mário Filho. Maracanã, o nome original, legendário e histórico. Mário Filho, uma homenagem ao escritor jornalista que se sobressaiu por ter publicado *O negro no futebol brasileiro* hoje um clássico, que aborda a tensão fundamental que faz do futebol um teatro mundi da sociedade brasileira, e torna esse esporte uma paixão nacional; campo dramático da confluência das diversidades étnico-civilizatórias que constituem a expressão conflitiva da nacionalidade.

No âmbito da seleção, historicamente percebemos um movimento pendular de tentativas de "embranquecimento" promovidas pela cartolagem e a mídia, de um lado, e de outro, os valores culturais emergentes da tradição africano-brasileira que transforma o nobre esporte bretão no chamado "futebol arte".

Mário Filho nos conta em seu livro que já em 1925 *"Oscar Costa, presidente da CDB, fez questão fechada de um escrete branco para disputar o sul-americano. Não acreditava muito na vitória dos brasileiros. E, para ele era melhor perder com os brancos."*

A mentalidade neocolonialista hoje passa pela presença dos jogadores que jogam na Europa e vão perdendo a alegria do futebol arte, do futebol *odara*, diria eu, bom e bonito, desdobramento da base estética e de sabedoria da tradição negro-africana.

Em outras ocasiões já apresentamos em profundidade as características de linguagem e identidade que caracterizam o futebol brasileiro.

Contentemo-nos com este momento de agora, onde mais uma vez um ciclo vicioso, pendular ocorre, pelo menos desde que eu me entendo, quando acompanhávamos estarrecidos a barração de Garrincha na copa de 1958 promovida pelo psicólogo burocrata, o Doutor Carvalhaes!!! E, por fim, Garrincha, alegria do povo, superando a tudo e a todos recalcados, ganhava as copas para júbilo da *"pátria de chuteiras"*, como disse Nélson Rodrigues, irmão de Mário Filho.

Agora vem sendo a vez de Romário, pela segunda, terceira vez... Se sobrepondo à linguagem das chefarias burocráticas e estéreis. Com seu talento de quem assume e pratica o chamado *"futebol arte"*, ele reafirma a diferença, a qualidade indubitável e admirável do futebol brasileiro.

Na primeira vez, ele classificou o Brasil nas eliminatórias fazendo dois gols contra o Uruguai, depois do povo exigir sua presença.

Na segunda, na "era Dunga", onde os jogadores de meio campo, incapazes de dar um passe de mais de dez metros, e selecionados pela capacidade de "parar as jogadas do adversário", em meio a esquemas ultradefensivos, ele levou o Brasil ao tetracampeonato, se tornando o artilheiro.

E agora, mais uma vez, depois de ser afastado, ele é chamado, e diria eu pelo destino, pois acontece num momento raro, apoteótico; quando o lúdico tangencia o sagrado, estando Romário no vértice da epopéia.

O homem gol no futebol é caso raro, como reverencia a música do Jorge Benjor, porque o gol é a situação mais aguda e tensa da partida. Todos os envolvidos querem fazer, e todos querem defender, não permiti-lo. Ele é quem define o resultado da partida. Goleiros de porte atlético avantajado, com treinamentos especiais e zagueiros com cara de mau se postam junto aos tais cabeças de área para não permitir o sucesso do artilheiro. Mas o pequeno Romário, o "baixinho", reduz essa gente a meros coadjuvantes de suas jogadas e de seus gols. Os zagueiros tropeçam, o goleiro pula atrasado e a bola entra, de todo jeito, num inesgotável repertório de situações variáveis, que possui apenas uma invariante: a bola entra através da percepção prioritária do vazio. É como diria minha ex-professora de psicologia, ter o "insigth da gestalt".

Aí está a genialidade do artilheiro, sobretudo de Romário, sem dúvida o maior depois de Pelé.

É que na cultura letrada ocidental somos educados e atraídos para a percepção da forma, e encobrimos, ou desvalorizamos totalmente o fundo. No contexto positivista valoriza-se a percepção do pleno e recalca-se o vazio.

Já nas tradições africanas, na cultura da tatilidade, da valorização do sagrado, ao contrário, o vazio, o invisível, o mistério é que em última instância demarca o fluxo dos acontecimentos, do destino.

É com o invisível, com mistérios e segredos inefáveis das entidades, da ancestralidade que se procura lidar ritualmente.

Uma das vertentes da tradição, mais próxima do futebol , a capoeira, se estrutura através do jogo dinâmico entre o pleno e o vazio, o visível e o invisível no balanço rítmico da ginga.

Na ambiência da comunalidade afro-brasileira, nas "peladas de rua" é que se incorporam os infinitos repertórios da gestualidade, de movimentos da estética corporal que se desdobram desde as matrizes para atividades como o futebol.

Pode-se comparar ao samba, quando o afamado Sinhô dizia que *"samba é como passarinho"* voa pelas comunidades.

Da mesma forma é como se aprendia a capoeira, nas festas públicas, religiosas como a da Penha, ou do presente de Iemanjá na praia de Ramos, do Cacique... e Brasil afora.

Mas voltemos ao Maracanã, inundado de tanta chuva, água em profusão naquela tarde de redenção. Romário, porém, estava completamente à vontade, sentia-se protegido, superior a tudo e a todos. O Maracanã ia ficando pequeno para Romário, o Peixe, encantador.

No quarto gol desliza com bola, zagueiro e tudo para dentro das traves. É mágica ... O próprio zagueiro se antecipa a ele botando a bola para dentro.

Naquele momento, para o povo brasileiro ele se confirmava como herói olímpico. Ele que sempre afirmou não ser atleta, mas jogador de futebol.

Sua mãe tem razão com o cartaz agradecendo a Vanderlei por não levá-lo: não precisou ir a Sidney para ganhar a medalha de ouro. Todos nós sabemos que com ele, ela já está. Agora, como ele disse: *"cabe a Vanderlei e aos outros trazerem as demais..."* Confiemos nisso... Hum!!!

Este livro foi impresso em 2002
nas oficinas da ParkGraf Editora Ltda.
Rua General Rondon, 1500 (Parte) - Petrópolis - RJ - Tel.: (24) 2242-7754